働きたくなる
これからの保険業

SDGs時代に
求められる経営

MATコンサルティング代表取締役

望月 広愛

MOCHIZUKI HIROCHIKA

生産性出版

はじめに

働きたくなる持続性の高い組織づくりに向けて

　日本の保険業界は、この140年の栄枯盛衰の中でも、いまだかつてない大きな変革期にさしかかっています。さらに社会的にもSDGs（Sustainable Development Goals＝持続可能な開発目標）という考え方が当たり前のように叫ばれるようになったことで、持続的かつ永続的に卓越した業績を挙げることのできる組織をどのようにすればつくれるのか、そのために組織的にどのような対応をしていくべきなのかを考えていかなければなりません。

　その大きな変革期に向けて不可欠なことは、「経営品質の向上」にこそ大きな答えがあると思っています。経営品質向上の本質は、本書で詳細に説明する、結果をもたらすためのプロセス思考、インサイト、イノベーションなどにあります。17の開発目標を掲げるSDGsを推進するためには、社会にも組織にもこのような土台づくりを同時に進めなければ、きわめて困難であることは経営者なら誰もが実感していることと思います。

　私は20年以上にわたり、東京海上日動火災保険グループや第一生命保険グループ、SOMPOグループなど、日本を代表する保険業界のみなさんとおつき合いをしてきました。自分自身がレストランチェーンの社長だったときには、兼業保険代理店の社長も4年間ほど経験しました。この間、1000社を超える、保険会社および、代理店のみなさんとも、セミナー、研修、コンサルティングなどの機会を通じて知り合いになりました。

　本書を書くきっかけは、保険業界向けのメールマガジン「inswatch（インスウォッチ）」での執筆を通じて、保険業界および保険会社、保険代理店のみなさんの共通の悩みを知ることになったことです。

　私は名古屋商科大学大学院と中央大学大学院で約15年、MBAの

教育にも携わってきました。そこで代理店経営を進めていくうえで、今後どのようなことに注意を払っていかなければならないかを、特に経営学やマーケティング、戦略策定の基本をベースとして、経営者とコンサルタントなどの経験からわかりやすく説明してほしいと依頼されることが増えてきました。

　経営学やマーケティング、戦略策定の基本といっても、この 10 年間で大きな環境変化が起こり、それに合わせて理論もどんどん進化しています。

　そこで本書では、私の理論的なバックボーンでもあるマーケティングプロモーションセンター代表取締役の岡本正耿先生の教えと日本経営品質賞のアセスメント基準書をベースに、働きたくなる組織づくりについて体系的に説明していきます。

　働きたくなる組織は人によって千差万別で正解がありません。それゆえ本書では、どうしたら働きたくなる組織を実現できるか、そのコンテンツではなく、考えるためのプロセスに着目しています。

　また、働きたくなる組織は共通して良い顧客層に囲まれています。中長期で考えるべき戦略策定の最重点ポイントはここにあり、そのための基本的な考え方にも紙面を割いています。

　本書は経営学の辞典的な内容にもなっているため、頁数も多くなっております。目次をご覧になって、興味のあるところや読みたいところからお読みいただければと思います。

　そして、2015 年に出版した『最良だから最強な組織づくりの定石』（生産性出版）では、経営学の推移と経営品質の関係性を私自身の経営者としての経験と照らし合わせて説明しましたが、本書はその続編の位置づけとして、戦略策定とマーケティング、組織づくりの基本に重点を置いて執筆しております。

　なお、本書では東京海上日動火災、第一生命保険および同社と関係性が強い損保ジャパングループの事例が紹介されていますが、これは私のコンサルティングポリシーとして、原則一業種一社に限定してい

るためでであり、他社を除外したわけではありません。一顧客として、あるいは日本損害保険代理業協会アドバイザーとして保険業界全体の繁栄を祈念しております。

　また、保険業界のみなさんのみならず、多くの会社・組織のみなさんにとっても働きがいのある楽しい日々をすごせるための一助となれば幸いです。

2020 年 5 月吉日

望月　広愛

今日、VUCA の時代と言われるように、変化の激しい不確実な経営環境の中で、政府や経済界では「Society 5.0 for SDGs」を掲げて、新たな創造的な社会の構築を目指している。

　企業経営においてもイノベーションによる改革だけではなく、SDGs が目指す持続可能な経営が志向されるようになっていて、この方向性は経営品質経営が追い求めてきた本質と重なるものである。

　著者である望月氏は経営者として日本経営品質賞の受賞者であり、また、複数の大学院で MBA の教育にも携わってくるなど、時代の変化に合わせながら経営品質経営の本質を極めてきた。

　加えて千社を超える保険会社および保険代理店に対してセミナー研修やコンサルティングを重ねている。

　望月氏が実際に社長として実践され、成果を出されてきた経営品質のノウハウが、数多くの保険会社や代理店に携わってきた経験から得られた保険業界特有の業態をも反映させた形で凝縮されている、いわば「保険業界における経営品質の虎の巻」と言える内容になっている。

　本書は経営品質経営の理論と実践の集大成の書であり、Society 5.0 時代の大きな変革期において持続的に卓越した業績を挙げることができるための羅針盤である。

第一生命保険株式会社

代表取締役会長　渡邉光一郎

はじめに

第 1 章
顧客価値をもたらす組織づくり

働きたくなる！　各社の取り組み *38*

第一生命保険

経営品質経営

「一生涯のパートナー」に向けたクオリティジャーニー

第一生命保険株式会社　DSR 推進室長　盛田里香

働きたくなる！　各社の取り組み ❷　*100*

オフィストゥーワン

経営品質からすべてははじまった

株式会社オフィストゥーワン　代表取締役　芳賀孝之

第4章

イノベーションサイクル8つのポイント

dii（ディー）

経営品質からスタートしたブランディング

株式会社 dii　代表取締役社長　永井伸一郎

第5章

持続的経営に不可欠なイノベーションと マネジメントの基本

働きたくなる！　各社の取り組み *173*

損保ジャパン日本興亜保険サービス（現 損保ジャパンパートナーズ）

経営デザイン認証への道のり

損保ジャパン日本興亜保険サービス　常務取締役　馬場信明　（2020年3月現在）

ビジョン・戦略策定に不可欠な理論を知る

多角化を考える際に役に立つアンゾフモデル　*178*

①第1象限：新製品開発戦略　*179*

②第2象限：市場浸透戦略　*180*

③第3象限：新市場開拓戦略　*180*

④第4象限：多角化戦略　*181*

第7章

保険業界を 5Forces 分析する　－分析の手順と例－

働きたくなる！　各社の取り組み　*229*

アイ・ステージ

経営品質カンファレンスの取り組み

株式会社アイ・ステージ　代表取締役　飛松哲郎

第8章
「働き方改革」から、「働きがい改革」へ

顧客価値をもたらす
組織づくり

かつてない変革を求められる企業と人

　日本の人口は過去数千年間増え続けてきたので、人口減少社会で生きていく経験は歴史上ほとんどありませんでしたが、今、私たちは初めてその時を迎えています。明治、大正、昭和、平成前半のように、人口が増え続け、マーケットが拡大し続けた社会では、企業は、他社と大差なく普通にビジネスができれば少しずつでも成長することができました。

　しかし、人口減少社会では、これまでのやり方は通用しません。他社や他人と同じことしかできないのでは、確実にじり貧になっていきます。

　たとえば、ブライダル業界をみると、1990年に70万組あった日本の婚礼件数は、2000年には88万組に増加。団塊二世世代が適齢期を迎えたこともあって、バブル崩壊後でありながら20%以上もマーケットが拡大したのです。しかし、内訳をみると、昔ながらの特徴のない結婚式場やホテルの挙式施工数は、大半が前年並みかそれ以下でした。一方、従来とは違う形態の独自性の高いウエディングを提案した一部の式場は大きく業績を伸ばしたのです。

　このように、伸びるマーケットにおいても、勝ち組と負け組がはっきりと分かれ、その後婚礼件数は減り続け、2018年には59万組にな

ってしまいました。

　マーケットが拡大した時期でさえ不振だった負け組が、市場が縮小していく環境の中でどうなってしまったかは一目瞭然です。

　住宅業界におけるマーケットの収縮はさらに顕著で、バブル期には年間170万戸であった住宅着工件数が2018年には95.3万戸に落ち込みました。2018年には住宅の13.6%程度が空き家ですから、理論上の単純計算ならば、新築住宅はほぼなくてもよくなってしまうということになりかねません。

　こうした時代に生き残っていけるのは、マネジメント・クオリティの高い、顧客に評価され、社員がいきいきと働く、持続性の高い卓越した仕組みをもった企業であることは言うまでもありません。今後もますます日本の産業界は二極化が進み、旧態然としたやり方にしがみつく企業はすでに淘汰され、この動きはもっと加速するでしょう。

保険業界における SDGs と経営品質の関連性

　本書では主に保険業界における経営品質について述べていますが、SDGs と経営品質の関係も触れておかなければなりません。

　『金融行政と SDGs』という方針が、金融庁から令和2年1月に提示されました。

　そこには以下のように書かれています。

　　SDGs は、本来的には企業・投資家・金融機関といった各経済主体が自主的に取り組むべきものであるが、何らかの要因でそうした動きが妨げられて外部不経済が発生している場合には、経済全体としての最適な均衡の実現に向け、当局として促すことも必要

　　(注)但し、その場合でも、SDGs 推進のために各経済主体や金融市場における

経済合理性が歪められることは適切でなく、金融庁としては、SDGs や ESG 金融の動きが、中長期的な投融資リターンや企業価値の向上につながる形で実現されるよう、各経済主体の自主的な対応を引き出すことを基本的な方向性とする

　さらに、地域金融機関による顧客との「共通価値の創造」については、以下のように書かれています。

○足許、多くの地域金融機関にとって、長期化する低金利環境等の厳しい経営環境の下、持続可能なビジネスモデルの構築に向けた組織的・継続的な取組みが必要とされている
○こうした中、地域金融機関が顧客のニーズを捉えた付加価値の高いサービスを提供することにより、安定した経営基盤を確保する取組み「共通価値の創造」は重要であり、これは、民間企業も社会的課題解決を担う主体と位置付ける SDGsの考え方と軌を一にするもの

⇩

●金融庁としては、地域金融機関による事業性評価に基づく融資や本業支援の取組みなどを引き続き促進
●また、金融市場においては、機関投資家が対話を通じて、こうした地域金融機関による共通価値の創造に向けた取組みを支援・促進する役割を果たすことが期待される

　また、経営品質の根幹をなす顧客本位の業務運営への取り組みについても以下のように書かれています。

○金融事業者が自ら主体的に創意工夫を発揮し、ベスト・プラクティスを目指して顧客本位の良質な金融商品・サービスの提供を競い合い、より良い取組みを行う金融事業者が選択されていくメカニズムの実現が望ましい

○そのためには、従来型のルールベースでの対応のみを重ねるのでなく、プリンシプルベースのアプローチを用いることが有効であると考えられる

　このように、第3章で取り上げますが、「規則の経営」ではなく、「原則の経営」という方針が明記されているのです。特に、『金融行政とSDGs』に記されている『「共通価値の創造」に向けた地域金融機関の経営のあり方』を見てみましょう（図表1）。

図表1　「共通価値の創造」に向けた地域金融機関の経営のあり方

■地域金融機関は、**安定した収益と将来にわたる健全性を確保**し、**金融仲介機能を十分に発揮**することによって、**地域企業の生産性向上や地域経済の発展に貢献**することが求められる。

■そのため、地域金融機関の**経営者は確固たる経営理念を確立**し、その実現に向けた**経営戦略の策定**とその**着実な実行**、PDCAの実践を図ることが重要（図表2参照）。

➡当局は、地域金融機関の**各階層**(経営トップから役員、**本部職員、支店長、営業職員**)、社外取締役とフラットな関係で対話を実施。対話にあたっては、**心理的安全性**(※)を確保することに努める。

※心理的安全性：一人ひとりが不安を感じることなく、安心して発言・行動できる場の状態や雰囲気

出所：「金融行政とSDGs」金融庁 令和2年1月

　まさに、経営品質向上活動の根幹がここに記載されています。図表1のとおり、持続可能なビジネスモデルの構築に向けた地域金融機関の経営のあり方として、図表2のようなPDCAサイクルが示されています。

図表2
持続可能なビジネスモデルの構築に向けた地域金融機関の経営のあり方

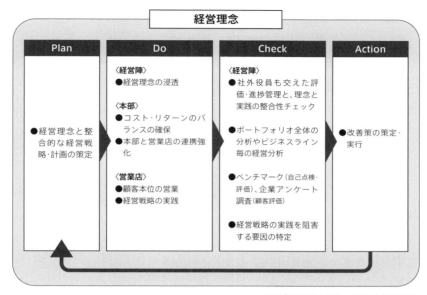

経営理念

Plan	Do	Check	Action
●経営理念と整合的な経営戦略・計画の策定	〈経営陣〉 ●経営理念の浸透 〈本部〉 ●コスト・リターンのバランスの確保 ●本部と営業店の連携強化 〈営業店〉 ●顧客本位の営業 ●経営戦略の実践	〈経営陣〉 ●社外役員も交えた評価・進捗管理と、理念と実践の整合性チェック ●ポートフォリオ全体の分析やビジネスライン毎の経営分析 ●ベンチマーク（自己点検・評価）、企業アンケート調査（顧客評価） ●経営戦略の実践を阻害する要因の特定	●改善策の策定・実行

出所：「金融行政とSDGs」金融庁 令和2年1月

　このことからわかるように、SDGsは持続的な開発に向けてのコンテンツと目標設定が示されていますが、それを実践に結びつけるには、経営品質のフレームワークの定着と実践が不可欠なわけです。

「失敗の要因」の3Cから脱却し、「成功の鍵」の3Cを行動原理にする

　さて、日本では、1970年代前半に生まれた団塊二世は1学年あたりの人口が200万人なのに対し、現在、4歳以下の子どもは1学年85〜95万人しかいないわけですから、これを冷静に事実として受け止めて、ビジネスを考えていかなければなりません。
　一方、年金や保険制度のほころびも不安視され、若い世代が犠牲を

払うのは明白だ、日本という国は沈下する、というやや評論家的な議論もよくありますが、まだ本当かどうかみんな半信半疑で、実際の行動を変えようとはしていません。

　私はここで国家のことを論ずるつもりはありません。しかし、このようなことと同様に、自社の経営を考えた場合、わかっているにも関わらず、何も行動を起こしていない人びとが本当にたくさんいるのも事実です。将来に不安があるのに、なかなか変革を起こせないようでは困ります。

　企業にしても個人にしても、全員が負け組になるわけではなく、どんな時代でも必ず勝者はいます。しばらくは企業の淘汰が進んでいくと思いますが、ここを乗り切って生き残ることができれば、残存者利得もあり、強く存続していけるでしょう。

　今後のSDGsの成否を握るものとして、いくつかのキーワードがあります。まず、「失敗の要因」として挙げられるのは、クリーブランド大学教授ロバート・ハートレー氏が唱える「Complacency（自己満足）」「Conservatism（保守的）」「Conceit（思い上がり）」という3C。これに対し、「成功の鍵」となるのは、元マサチューセッツ工科大学教授マイケル・ハマー氏の「Customer（顧客）」「Competition（競争）」「Change（変革）」という3Cです（図表3）。危機に瀕している企業や大学、官公庁などには、「失敗の要因」の3Cがぴたりと当てはまります。今こそここから脱却し、「成功の鍵」の3Cを行動原理としなければなりません。

図表3　SDGsの成否を握る「失敗の要因」と「成功の鍵」の3C

失敗の要因		
Complacency（自己満足）	**Conservatism**（保守的）	**Conceit**（思い上がり）

脱却

成功の鍵		
Customer（顧客）	**Competition**（競争）	**Change**（変革）

出所：著者作成

　この「成功の鍵」の3Cは経営品質の根幹をなす考え方ですが、経営品質の考え方がどのような背景で生まれたのかを少し説明しておきます。

　1980年代、日本に経済大国トップの座を脅かされたアメリカは、レーガン政権において、競争力強化のために経営のクオリティそのものを向上させようというプログラム（マルコムボルドリッジ国家経営品質賞=MB賞）を国家戦略として押し出し、これを顧客本位経営の基本として1980年代終盤から多くの企業や団体に浸透させ、1990年代に、アメリカ経済を力強く再生させていきました。このマネジメント・クオリティ向上プログラムは現在50カ国以上で展開され、日本でも1996年に日本経営品質賞が発足。以降、その有益性から広く普及していきました。2001年度には第一生命保険が保険業界として、2017年度はトップ保険サービスが代理店として、初の受賞企業となりました。

　私自身、日本経営品質賞の導入と展開に深く関わってきましたが、これは、お客様の声を現場の改善に活かすといった小手先レベルの取り組みではなく、お客様本位の考え方を経営の根幹に据え、持続的な繁栄を目的とするドラスチックな変革活動です。

　SDGsがコンテンツの目標設定だとすれば、経営品質はそれを支える組織のプロセスづくりということになり、そのためには、常にお客様の立場に立ち、社員が満足するため、社会に必要とされるにはどうすべきかを経営レベルで考え続け、実践していくことこそが大切になります。

　保険業においても、今後ますますメーカーや保険会社のブランドが、販売店や代理店の価値として通用しなくなることは疑う余地もなく、代理店がメーカーや保険会社からの擁護を期待できる時代でもありません。社会における自社の位置を知って、販売店や代理店であっても、生き残るためには自己変革の絶え間ない努力をしなければなりません。他社と同じことをやっていくのではなく、販売店や代理店が自分で考え、判断できる、自主性や主体性こそが必要とされるのです。

対話の多い代理店は、人が集まり強くなっていく

　私は、これまでに数え切れないくらいほど、経営品質向上に関する保険代理店の研修会、研鑽会、カンファレンス、合同戦略会議などをファシリテートしてきました。当初は代理店の社長だけを対象にしていましたが、今の主流は各代理店全社員で、保険会社の代理店支援担当者も加わり、合同で戦略会議をする形の全員参画型カンファレンスになっています。

　なぜならそれは、社長だけに研修していても都合の良いことしか社員に伝わらないため、何度も研修しても、なかなか品質も高まらず、組織力と経営力が強くならなかったからです。そんな中で、社員とともに参画する形の経営品質カンファレンスを受けたことで大きく変わり、成長している代理店がいくつも出てきました。

　以下は、東京海上日動火災保険で行われていた定期的なカンファレンスに参加してくれていた有力代理店の株式会社オフィストゥーワン芳賀孝之社長の言葉です。

「すべてはこのカンファレンスからはじまった！　はじめは一人で受講していた。2004 年に経営理念をつくり替え、メンバーにリリースをしてから 3 年目。なかなか浸透しないし、経営理念の重要性を感じてなかったため、浸透させようともしていなかった。そんな時、望月広愛先生の経営品質カンファレンスに参加。経営理念の重要性を思い知らされた。

　その日から現在に至るまで毎週のミーティングで一人ひとりが日頃お客様のために行っている経営理念『solution』の事例発表。経営理念で、チームが纏まり、成長し、人が集まるようになった。（カンファレンスに参加してから経営理念で集めた社員 6 名）……そして今回は経営品質担当役員と営業全員で参画。保険会社からトップラ

ンクに認定していただいているが、意識したことはない。ただひたすらこのカンファレンスで気づいたことを実践し、チャレンジしてきた結果である。

　経営品質を考え、お客様にとってどんな代理店が最適なのかをみんなで追求してきた。当たり前に保険会社の方向性と一致した（実は同じ方向性でほっとしている）。またいろんな事がたくさん始まる。とても楽しみだ！」

　また、保険会社側の代理店支援担当者のアンケートのコメントを抜粋してみると、以下のように書かれています。

「経営品質カンファレンス受講を踏まえ、経営理念の見直しが実現。その中の『安心』の定義について、踏み込んだ話を今後行っていきたいという声が代理店さんの中から出ました。回を重ねる毎に、だんだん具体的な問題が浮き彫りになってきていると思います。代理店さんの社員同士、代理店と保険会社社員間のコミュニケーション量が今までに比べて、このカンファレンスを通じて圧倒的に増えていて、良い雰囲気になってきていると感じています。次回も楽しみです」

　このように、強い代理店は対話の場が多く、それにつれて気づきや課題認識も強く、課題に対して方向性を一致させ、一丸となって解決に向かいます。そのため保険会社との関係も良好になり、常に前向きの議論がなされていきます。だから保険会社の担当者も、その代理店のことを真剣に考え、相乗効果により業績も向上するという好循環スパイラルが形成されます。

　一方で、このようなことにまったく興味を示さないか、自社の課題

認識を明確にすることを恐れ、井の中の蛙になって満足してしまっている代理店もたくさんあります。素直に自社の置かれている状況と今後の方向性を、代理店としてきちんと整理できていないわけです。だから何となく危機感を抱いていても、具体的な前向きの行動に結びついていかないわけです。なぜならそれは、社員たちが現在の状況をどのように感じているかを自由闊達に話し合える対話の場がないからです。

今後、代理店を取り巻く環境は、今とは格段に厳しくなっていく中で、生き残るためにはどうすべきか、「保険会社の担当も交えて、自社内で本気の対話を、時間をかけて進めていくことこそが重要だ」と、カンファレンスに参加している代理店の方たちは口々に言っています。昨今、保険業界もAIの議論が盛んに行われていますが、いくらAIが進化しても、本気で対話のできない組織は生き残ることが難しいと思うのは、私だけではないはずです。

良い人財が集まる組織

ここのところ、代理店の人材募集ができないと嘆いている保険代理店の社長さんにたくさん出会います。ある保険会社ではブランド募集として、保険会社の名を有効に活用して、代理店の新卒募集を実施していますが、なかなか成果に結びついていない代理店も多く見受けられます。

ところが、私の周囲には次々と良い人財が入ってくる代理店がいくつもあります。そんなある代理店の話を紹介しましょう。

経営品質研鑽会をやっていると、各代理店の話をいろいろと直接聞くことができます。終日行われる経営品質研鑽会に会社全員で参加するような代理店の方たちですから、それだけでもその代理店の組織風土は推し測れますし、そもそも良い風土の会社をつくりたいと思う代理店しかこのような研鑽会に興味を示しません。そのような前向きの代理店ばかりが集まって経営戦略を話し合うので、相乗効果でどんど

ん強くなります。

【すばらしい人が入ってくれた実例 その1】

東京海上日動火災保険株式会社は、「経営品質向上研鑽会」という会を開催しています。経営品質研鑽会は、2012年くらいまでは代理店の社長だけを集めて開催していましたが、現在では、代理店が1日休業してでも全員で参加してもらうと大きな効果があることがわかってきました。

ここでは、2004年の経営品質研鑽会に参加してくれた岐阜の保険代理店 dii(ディー)の永井伸一郎社長の話をしましょう。意識の高い永井社長は一人で参加しくれたのですが、とても大きな成果に結びついた事例です。

今この代理店には優秀な人財が揃い、生命保険の新規募集などでも東京海上日動の岐阜支店を牽引するほど大きな成果を挙げています。ここの女性社員さんたちは大変すばらしい人財で、その中の一人は、かつて某携帯電話販売店のトップセールスの看板販売員でした。

dii は地域のお祭りなどに積極的に参画し、たくさんの社会貢献活動などを通じて、代理店のブランド力強化を10年以上の時間をかけて地道にやってきました。その地域では「保険会社と言えばdii」というくらいの高い知名度をつくり上げたのです。そのため、この地域では当然、良い会社というイメージが浸透しています。

この代理店である年、社員募集をすることになり、タウン誌などに募集を掲載したところ、たくさんの応募者がありました。そんな折、永井社長がたまたま某携帯電話のお店に、携帯電話の買い換えに行きました。すると担当女性販売員の方の対応がとてもすばらしく、たくさんの応募があった中から選ぶ前に、「どうしてもこの人に来てほしい。だめなら、あきらめて応募者の人たちから選ぼう」と思い立ちました。

そして、「dii という保険代理店の社長をやっている永井という者で

すが、うちに入社してくれませんか？」と名刺を出し、勇気を出して言いました。すると「あのdiiさんですね、知っています」と、話を聞いてくれることになりました。

　彼女といろいろ話をしていくうちに、「子どもがおり、土日の仕事は今後のことを考えると厳しいので、土日休みの会社で、地域の信用が高い御社でなら、ぜひお願いしたいです」と言われたのです。当時、彼女はトップセールスですから年収も高かったのにもかかわらず、収入が下がっても、入社してくれたのだそうです。

　その後、リーダー的存在となって、現在、同社の繁栄を大きく支えています。ちなみに、この代理店のオフィスでは、女性スタッフをとても大切にしており、事務機器やPC（ツイン画面）などにふんだんに投資していて、社員の椅子には一脚10万円もかけているそうです。

　また同社では、トイレの隅々まで蛍光灯の上にもチリやほこりがありません。女性はそういう見えないところを一番気にするからです。トイレは汚い、事務所も雑然としていて、入り口もみすぼらしい代理店にこのような人が入社してくれるでしょうか？　仮に、トイレや玄関がきれいでも、社長が怒ってばかりいたり、社員たちが暗い顔で仕事していたりする風土の悪い会社に、良い人が来てくれるでしょうか？

　なお、この代理店が営業成果を挙げている秘訣は、だいたい午前中は、営業社員は全員でミーティング、営業は午後だけ、事故現場急行を除けば、土日休み、残業なしです。

　それは岐阜という狭い地域の代理店だからできるのだと思う方もいると思いますが、都会の大阪の代理店でもほぼ同様の話があります。

【すばらしい人が入ってくれた実例 その2】

　良い風土の代理店には、当然のごとく、良い社員と良いお客様が集うものです。ここで紹介する代理店は、東京海上日動火災保険の代理店でも全国有数の業績を挙げている従業員10名ほどの会社です。こ

の代理店の大きな特徴は、比較的若い社員が多く、そこに絶妙にベテラン社員が混じっています。平均年齢の高い代理店が多い中で、こちらの代理店の平均年齢は明らかに若く、男女の比率もバラツキがありません。

　この代理店とは、2008年頃、保険会社の関西ブロックが開催した経営品質向上研鑽会で出会いました。最初の出会いでの直感的な印象は、ずいぶん厳しそうな方で、「経営品質なんて意味あるのか？」と思っているようにしか感じられませんでした。事実、研鑽会ではいつも後ろの方に座っていて、保険会社の代理店支援担当者も何かピリピリしている感じで、腫れ物に触れるかのような感じさえしました。実際はとても気さくな方で、回を重ねるごとに私との信頼関係は強くなっていきました。

　ただ、その頃は、関西でも有力な代理店ではあるが、若い社員がほとんどいない、年配の社長と番頭さんが頑張っているという感じの、よくある代理店でした。

　その後、2016年にこの保険会社の大阪北支店で再び経営品質カンファレンスがシリーズで開催されることになり、各代理店ができる限り全員で参加する形になりました。毎回の開催日は店を閉めてまで全員で参加してくれたこの代理店の社長と、久しぶりに出会ってびっくりしました。なぜかというと、ワンマンかとも思えていたその社長が、たくさんの若い社員たちに囲まれて、余裕しゃくしゃくで、ニコニコ話を聞いているからです。社員たちが楽しく話し合いをするのを見ているのが楽しくて仕方がないという感じでした。実はこの代理店には、ここ8年くらいの間に、良い社員が続々と入社していたのです。

　カンファレンスでも、代理店支援担当者の女性社員も笑いながら話をしていますが、社員の中に若手の社員をうまくとりまとめている女性社員がいました。その方の入社のきっかけを聞いて驚きました。先述した岐阜の代理店と同じような逸話があったのです。

　この女性社員の方は、代理店の社長がよく行く寿司屋さんの看板女

性店員でした。社長は「この人はよく働くし、気立てもいいし、なんといっても良く気づいて、すばらしい接客をしているなぁ。こんな人にうちにきてもらえないかなぁ」と思っていたそうです。

そこで、思い切って、裏に「お電話ください」と書いた名刺を渡したそうです。しかし、このような名刺を渡すお客さんは結構いて、彼女は直感的に怪しい客ぐらいにしか思わなかったそうです。当然電話などかかって来るはずもありません。そこで社長はあきらめずに、幹部とともに再びそのお店に行って、保険代理店をやっていて、どうしてもうちにきてほしいと事情を話したそうです。彼女は「保険のことなど何も知りませんよ」と回答したそうですが、岐阜の代理店と同じく、土日が忙しい外食業界ではなく、土日がきちんと休めて平日に仕事ができる、何より、その社長のことをよく覚えていたことが決め手になったそうです。

なぜなら、この社長は毎回、彼女に「きょうのお勧めは何？」と聞いていたそうです。ほとんどのお客さんは、何より先に「いくら？」と聞くのだそうですが、この社長は彼女が勧めた商品は価格のことなど一切聞かずに「それ持ってきて」と必ず頼み、帰りに「あれ、おいしかったよ」と笑顔で一言添えていたそうです。

そこでこの方は、この社長の会社なら「ああしろ、ここしろと文句ばかり言われることもなく、自分を大切にしてくれるかもしれない、そして毎日楽しく過ごせるかもしれない」と思い、「パートでもよければお願いします」と言って、入社に至ったそうです。そして、後に中心社員として活躍するようになったのです。

後でわかったことですが、寿司屋さんで働く以前は、梅田の某有名百貨店の店長秘書をやっていたほどの方だったそうです。普通ならこんな経歴の方は保険代理店にはなかなかきてくれません。しかし、良い風土の会社だからこそ、知らず知らずのうちに良い人たちの集団となり、若者も集い、日本を代表するほどの代理店になったのです。

この社長が私にいつも言うことは、「望月さんと経営品質に出会っ

て、良い風土の大切さがわかった。今こうして毎日楽しく仕事ができるのも、経営品質について真剣に学んだからだ」「何回か受講する中で、悩みの質が確実に向上している。これが代理店と自分の成長だ」というようなことを言ってくれます。

　私もたくさんの代理店とおつき合いしてきましたが、やはり人が集まる代理店には、必ず良い風土、すなわち将来のビジョンをみんなで忌憚なく話し合える雰囲気があります。

　カンファレンスでも、若い社員たちも毎回元気よく参加し、互いに現状の課題や将来ビジョンを楽しそうに話し合っていますし、社長にもズバズバ発言しています。このような風土・雰囲気だから良い人が集まるのではないのでしょうか。そして、この代理店の経営理念には一番目に――「逆命利君」何事も話し合える明るい職場にします――と書かれています。

「逆命利君」――未来に残る会社にする

　「逆命利君」とは中国の古典で、本当の忠義とは、上司や主君の命令、たとえ国家の命令であっても、それが主家のため国家のためにならなければ敢えて逆らうことあるべし、という意味です。

　代理店に勤務する人たちの立場であれば、主君は社長です。部下は社長、上司の命令に対して、従順に従う。これが世の中の常識です。会社という組織を成り立たせるためには、部下が社長や上司の指示に従わなくなれば、組織として統制が取れなくなると思いがちです。

　本来、相手が誰であれ、間違っていれば、間違っているというべきですが、それを行うには、部下は、自分が会社を辞める覚悟が必要となります。でも現実にはそれはできず、心の中に秘めています。

　部下の諫言（いさめる言葉）に対し、怒りをあらわにする社長のいる会社には、残念ながら社員たちは魅力を感じません。それどころか、そのような行為に対し、リーダーとしての器の小ささを社員は感じ、将

来のビジョンを描くことはできません。一方で、諫言に値しないようなレベルの低い失礼な発言を行う部下もいます。

　だからと言って、本気で会社のことを考えて発言してくれた人の言葉に耳を傾けず、そのような人材を軽率に扱えば、その後、諫言する人はその会社にいなくなります。

　ただでさえ、一般的に魅力の乏しいと思われる保険代理店では、人は簡単に辞めてしまいます。人を残さず、会社を残して、その会社に未来はあるのでしょうか？

　私は、diiの社長を見るたびに、「なるほど、これを本気で実践しようと努力したのだな」と思います。それを社員たちも感じているのではないでしょうか。先述した事例で冒頭に書いたように、初めて出会った頃は、このような雰囲気が感じられませんでしたが、時間をかけてコツコツと変革してきたのです。

　保険なら長期も短期も販売するのに、自分の組織のことになると短期的なことばかりで右往左往していては、代理店の将来はありません。組織づくりも長短同時にやるべきです。そしてまた、そういう代理店がたくさん集まる保険会社の支店には、次々と次世代の良い代理店が集まり、育っていくのです。

値上げはチャンス

　私はこれまで４社の社長をやり、同時に、いろいろな会社の経営を、コンサルタントとしてサポートする立場からも見てきました。そんな経験から感じることは、強い会社には共通点があるということです。

　それは「ある一定の時期が来たら自信を持って値上げ、あるいは単価アップをお客様にお願いしている」ということです。

　私が社長・会長をやっていた静鉄ストアでも、消費税が上がるときに、ポイント付与率を半減させたにもかかわらず、対前年実績は予想以上に上昇しました。消費税も上がり、ポイントも半減するので、売

上は下がると考えるのが普通ですから、常識とは逆の結果となりました。

経済学には価格弾性値という考え方があり、たとえば「10%値上げをすると10%のお客様が減る」というようなことを机上の理論で説明しています。これが現実的にはあながち的はずれなことでもありません。でも、値上げや消費税増税を恐れる多くの経営者たちは、「10%値上げをすると3割も4割ものお客様が離れてしまう」と考えがちです。

しかし結論から言えば、会社の財務的観点から見て、値上げしても問題ない場合は結構あります。もちろんそれぞれの業界ごとに特徴的な傾向がありますから一概には言えませんが、きちんと経営をしている会社では、それほどたいした問題ではないのです。私の知り合いの某代理店は、火災保険の値上げ前に、駆け込み切り替えが驚くほどたくさんありましたが、翌年は、その反動を早々と乗り越えて増収増益です。

ここで知っておいていただきたいのは、保険業のように一物一価で守られていない一般的な外食や流通や小売業でさえ、コストダウンばかりでは限界があり、値上げをしないと会社の経営は苦しくなります。マーケットが拡大していた時代の感覚を忘れられず、安売りで客数を増やし続けることが当たり前になっている経営者も依然として数多くいますが、もうすでに安売りで客数が伸び続けることはない時代に突入したことを認識すべきです。

小売業では最大手の会社でさえ、価格競争から脱却できず、2兆円もの売上がありながら、赤字と黒字を行ったり来たりしています。もちろん赤字でも閉店せず継続的に営業しているのだから、あたかも慈善事業のようです。これはこれで一消費者としては大変ありがたいことではありますが、中長期的に考えれば、赤字だからといって突然撤退されてしまっては地域住人からすれば困るわけで、目先の安売りよりも、ちゃんと利益を出して営業を継続してほしいわけです。これ

こそが SDGs の基本的な考え方ではないかと思います。

　よく取り上げられる事例ですが、もやしは安売りの目玉にされてしまうため、流通業者が納入価格を不当に抑えてしまい、生産者の撤退や倒産が加速しているという記事がありました。ネットユーザーのコメントを見ると、安売りのあおりで業者が倒産するなら、高くてもいいので持続的に営業してほしい、行きすぎた安売りに頼る小売業者の姿勢こそ問題だ、と書かれた論評も数多く見られました。

　似たような事例で、ヤマト運輸と Amazon の駆け引きも話題になりましたが、どんなに良いサービスを提供していても、持続性・永続性の担保がなければ元も子もないわけです。

　企業、特に保険業界にとっての重要な目的は、永続してお客様を守ることです。そのためにも、保険会社も代理店もきっちりと適正な利益は出し続けなければなりません。一方、冷静に考えた場合、企業が値上げをすると、どういうお客様が離れていくのかを考えことがあるでしょうか？

　値上げが原因で離れていってしまう顧客の多くは、「WIN＝WIN の関係が築けていないお客様であり、互いの貢献につながらないお客様」と言い換えることができます。わかりやすくたとえると、"売上は多いけれど、利益に貢献していない"または"売上は少ないのに、文句ばかり言ってくる"お客様も数多くいるのです。そういうお客様が離れていって、自社にとっては、良いお客様だけが残っていくという側面もあり、値上げをすることは決して悪いことばかりではないのです。

内的要因が業績を左右する

　1999 年、39 歳の私はレストランチェーンの社長として当時の株式会社ロッソえびすや（後に日本経営品質賞を受賞した J・アートレストランシステムズ、現在の株式会社 J・ART）に赴任しました。赴任後しばらくし

て社員満足度調査を実施してみると、わが社の社員の 70% は「会社を辞めたい」と思っていることがわかりました。

そこで、相性が合う人同士になるように「人の組み合わせ（配置）」を変えたり、「部下の長所をどのように活かして指導していくか」ということを中心に据えて、コミュニケーションの機会を増やすことを強化するやり方に変えたりしていきました。

日本経営品質賞を受賞した 2005 年に同じ調査をしたところ、なんと「会社を辞めたい」と思っているのは、10% 以下に減っていました。従業員が「辞めたくない」と思って前向きに働くようになったので、当然過去最高の利益が出ました。さらに、この時期には社内結婚も増えました。理由は将来この会社にいても大丈夫だと思うようになったからです。

このように、一般的に中小企業は外的要因ではなく、内的要因の方が業績を大きく左右すると言われます。

どんなに市場環境が良く、同業他社が儲かっているからといって、自社も自動的に儲かるということはありません。内部がガタガタしている企業の業績は上がりません。経営危機だった時の東芝の決算のニュースなどを見て思ったことは、どんなに理由があろうとも赤字にかわりはないということと、あれほどの大きな会社でも赤字の原因はマネジメントなどの内的要因にあるということです。

会社の業績が良くないということ自体、経営者にとっては話にならないことなのですが、赤字になっているということは多くの場合、その内部プロセスに問題が多いからということになります。保険代理店でも基本は変わりません。

中小企業は、円高・円安などの外的要因だけではなく、内的要因が業績を大きく左右しますが、保険代理店は一物一価だけになおさらです。

幹部だけで考えるのではなく、
社員全員で変革していく

　さて、私が実施している経営品質のマネジメント研修に、代理店の
ほぼ全員で参加してくれている会社でも、なんらかの問題を抱えてい
ます。中には赤字スレスレの会社もあります。しかし、そのような会
社でも、みんなで考えて行動するようになると、多くのケースで反転
上昇しはじめます。

　それでも、依然として業績が向上しない会社もないとは言えません。
その最大の要因は、社長や幹部の考え方が変わらないことにあります。
そういう会社の社長や幹部は、共通して「ウチにはウチの考え方があ
る」と言い、一緒に参加している他の代理店が少しずつ変化している
ことにも気づきません。そのため社員の考え方も進化しません。そし
て、このような代理店の場合、ほぼ例外なく業績が芳しくありません。
「他の業界や代理店に学ぶことはない」と言って、自分の考えを募集
人や事務員にも押しつけて、社員のモチベーションが下がっているよ
うな会社は、共通してお客様の意向を無視し、自分たちの都合で業務
を行う傾向が強く、業績も上がらないのです。そんな状況では、業績
や生産性がどうこう言う前に、「社内全員が１つの方向に向けて頑張
っていく」という方向づけが何より大切になります。

　具体的には、単に理念だけでなく、戦略や営業のやり方もみんなで
コミュニケーションを取りつつ意見を出し合って課題を抽出し、変革
していくことが必要となります。たとえば、東京海上日動火災のある
支店で行われている経営品質カンファレンスには毎回 130 名以上が参
加します。主な代理店は、軒並み店を閉め、ほぼ全員が参加してくれ
ています。そこでは、私がファシリテーターをするのですが、毎回各
代理店の方たちの熱心な議論を見ていると、大きな手応えを感じます。

　参加者は社長や幹部だけでなく、事務員さんも多いのですが、カン
ファレンスの中では互いに厳しいことも言います。すると、終了後事

務員さんたちからは「みんなで話ができて良かったです。なかなか代理店の経営について全員が一日を通して話をするのは、このような機会でもないと難しいです」とか、保険会社の社員からは「代理店さんと腰を据えて、じっくり戦略的な話ができる貴重な機会です」と言われます。

　社長や幹部からも「今日はいろいろ気づかされました」と言われるのですが、その日だけの気づきだけでは、何も変わりません。どんな場合でも、業績悪化や赤字の責任は社長にあります。しかし、いくら社長が一人で勉強をしても、会社はなかなか良くなりません。

　研修やカンファレンスなどで勉強することそのものが目的ではなく、勉強したことを実行しなければならないということをわかってもらわなければまったく意味がありません。

　社長一人でいくら勉強をしても、代理店全体で実行をしなければ効果が半減し、実際に全員のアクションを変えていくことにつながらないのです。

第一生命保険

経営品質経営
「一生涯のパートナー」に向けたクオリティジャーニー

第一生命保険株式会社　DSR 推進室長　盛田里香

　当社は、2001 年に金融業界としては初めて経営品質賞を受賞しました。経営品質に取り組んだきっかけと、その活動により得られたものについてご紹介します。

経営品質に取り組んだ背景

　平成 2 年(1990年)にバブルが崩壊し、日本経済は大混乱に陥りました。金融機関ではバブル後遺症により次々と経営破綻がはじまり、生命保険業界においても、平成 9 年(1997年)の日産生命を皮切りに、4 年間で生命保険会社 20 社中 7 社が破綻する結果となりました。

　当社においても、1992 年から新契約実績が前年マイナス基調に転じており、その中心的な要因はバブル崩壊であることは明白ではあるものの、実はそれよりも大きく深刻な課題が影響していました。

　それは「人口構成の変化」です。

　本格的な少子化問題は平成 8 年(1996年)からはじまる生産年齢人口の減少からはじまりますが、生命保険加入の中心となる 20 代から 40 代の働き盛り世代の減少は一足早くはじまっていました。

　そこにバブル崩壊後の経済不況に伴う所得の停滞が加わることで、生命保険業界に逆風が吹き荒れる結果となりました。

　このような状況の中、当社はそれまでの働き盛り世代への保障性商

品販売中心の営業手法から、お客さま一人ひとりの一生涯に寄り添うコンサルティングに転換するべく「生涯設計戦略」を打ち出しました。しかし、それと同時に、当社はバブル崩壊によりダメージを受けた財務収支の立て直しや、会社全体の更なる一体感の醸成といった社内課題の解決にも取り組む必要がありました。

　当時の社長である森田富治郎は、かかる状況の下、経営理念である「一生涯のパートナー」として、中長期的に会社が存続していくために「徹底した顧客志向に基づく経営革新」を実現するべく、経営品質に取り組むこととしました。

経営品質賞受賞に向けた取り組み

　当社は 1000 万名（1997年当時）のお客さまを抱え、全国各地の営業職員（現生涯設計デザイナー）が日々の活動にて営業はもちろんのこと、給付手続きや住所変更等、さまざまなお客さま応対を行っています。その多岐にわたる業務は定型的なマニュアルでさばけるものではありません。また、生命保険事業は営業、契約保全、システム、資産運用等複雑に分かれ、全体像をつかみにくい業種です。

　森田社長は当時、当社における経営品質賞受賞への取り組みの困難さについて、直感的に「軟体動物に背骨を通す」とたとえました。

　1997 年、本社に推進事務局を設置し、経営幹部に対しアセスメント基準書に即した経営品質向上取組の考え方と手法を教育するとともに、全社レベルの経営品質報告書の作成にとりかかりました。

　1999 年に一回目の申請を行いましたが、想定していたとおり結果は落選でした。落選が想定どおりというのは、この申請の目的が受賞ではなく「現在の当社の課題をあぶりだす」ことにあったからです。

　この落選時に得たフィードバックを基に、多岐にわたる改善と新たな仕組みを構築しました。その一例を以下に掲載します。

　・経営トップの情報発信「ネットワーク社長室」
　・お客さまの声を経営に活かす「エコーシステム」

・「従業員満足度調査」（受賞当時は労働組合による「総合調査」を活用）

・経営層と社員の双方向対話「役員と語る」

・提案用携帯PC「Nav!t（ナビット）」の導入

・商品ラインナップの自前主義と決別した異業種を含む業務提携

　これらの結果、2001年に2回目の申請で当社は経営品質賞受賞に至りました。

経営品質賞受賞後の取り組み

　経営品質賞受賞は、明らかに当社のターニングポイントとなりました。

　審査の振り返り時に審査員が「生涯設計戦略が、社員の隅々にまで浸透していた」とコメントしたように、生涯設計戦略が社員に受け入れられていたこと、そして経営品質賞受賞に向けた取り組みが、間違いなく当社の経営品質向上につながったこと、この2つの事実が当社に大きな力を与えました。

　森田社長は、その後も「生涯設計」と「経営品質」を経営の柱に掲げていくことになりますが、その後経営のバトンを引き継いだ斎藤勝利、渡邉光一郎も、経営品質の考え方を継承していくことになります。

　斎藤は経営品質取組を「コーポレートブランド向上」と言い換え、経営という大きな考え方ではなく、社員一人ひとりが第一生命ブランドを向上させるという考え方を用いることにより、経営品質を自分ごと化できる風土を醸成しました。また、永きに亘る生命保険契約期間を「入口（ご契約時）・中間（ご契約中）・出口（保険金・給付金のお支払い時）」にセグメントの上、それぞれで当社が目指す水準を明確化し、現状とのギャップを解消していくことで、お客さまの信頼に裏打ちされた営業成績の向上を目指しました。

　それ以外にも、以下の取り組みを実施しました。

・「コーポレートブランド向上委員会（のちにCSR推進委員会→DSR推進委員会）」の新設

・更なるお客さま志向を打ち出した「品質保証新宣言」
・営業品質大改善運動「営業革新105計画」の断行
・海外生命保険事業への展開
・相互会社から株式会社への転換

　斎藤の後任として社長に就任した渡邉は、2010年4月の株式会社化により「第一生命保険株式会社」として新創業するにあたり、「変わらないものを守り続けるために変わり続ける」と宣言しました。具体的には株式会社化の目的を利益や規模の追求ではなく、今の時代において「一生涯のパートナー」としてあるべき理想の姿へ変換するためとし、経営品質取組も「DSR経営（DAI-ichi's Social Responsibility＝第一生命グループが果たすべき社会的責任）」とすることで、すべてのステークホルダーと共に持続的に成長していくことを示しました。
　新創業後の第一生命は、DSR経営の下、
・海外生保事業の拡大
・国内3生保体制の確立
・アセットマネジメント3極体制（日・米・欧）の構築
・持ち株会社体制への移行
等を行い、グローバル会社へと大きく発展してくこととなります。

　一方、DSR経営の特徴として「各組織におけるセルフアセスメントの進化」も行われました。
　従来も各組織には年次計画が存在していましたが、そこに経営品質の要素を色濃く反映することで、DSR経営そのものを全社員が理解し実行できる体制としたのです。具体的には

①各組織における「アセスメント計画」の策定
　各組織が経営品質のフレームワークを用いて「ビジョン」→「環境変化と現状認識」→「変革のための戦略課題」を策定し実行する体制

41

を構築。

②「DSR 推進責任者」の任命

上記アセスメント計画の策定および実行の責任者である所属長をサポートする立場として配置（各所属のナンバー2クラス）。DSR 推進責任者は、望月広愛氏による経営品質研修を受講することで、セルフアセスメントのノウハウを得るとともに、DSR 経営の実務担当者として本社所管とのパイプ役の役割も担当。

③ DSR アンケート

各組織が経営品質のフレームワーク通りに経営できているかを判定する全所属員向けアンケートを年2回実施。各所属別にフィードバックすることで PDCA サイクルを推進。

④ DSR 推進大会

「共に尊重し、共に学びあい、共に成長する」をコンセプトに、組織で実践している DSR 経営の好事例を年1回実施する大会にて共有。

　等の取り組みを行いました。取り組み当初は各組織においても具体的なイメージが湧かず、アセスメント計画1つとっても、なかなか的を射たものではありませんでした。

ただ、そこであきらめることなく、経営品質のフレームワークの考え方を共有し、対話を継続的に続けていくことで、

・4つの基本理念「顧客本位」「社会との調和」「社員重視」「独自能力」の浸透
・リーダーシップ（トップダウン）とボトムアップの両輪による組織運営
・イノベーションを創出する価値前提経営の実践

といった経営品質取組が各所属の経営の軸として確実に根づいていきました。

これからの経営品質取組

　渡邉からバトンを引き継いだ現社長の稲垣精二は、「DSR経営は今や現場にしっかり根づいている。それをさらに進化させていくことが他社との差別化になる」という想いのもと、DSR経営という名称をそのまま継承しました。

　一方で稲垣は、環境変化の激しい現代において、当社のビジョンである「一生涯のパートナー」であり続けるために今後目指していく新たな価値創造を、QOL(クオリティ・オブ・ライフ)向上への貢献によって行うと宣言しました。

　ここで、QOL向上への貢献について簡単にご説明します。

　一人ひとりの価値観が多様化するとともに、人生100年時代を迎えた現在、一人ひとりの望むしあわせな人生やありたい人生も多様化し、またそれが認められる時代になりました。

　しあわせな人生・ありたい人生がさまざまであっても、その人生を実現するために必要な共通要素があります。それが、「健康」「お金」「つながり・絆」です。

　そこで、私たち第一生命グループは、「一生涯のパートナー」としてお客さまのしあわせな人生、ありたい人生の実現をお手伝いしていく、つまりQOLの向上に貢献していくために、従来の「保障」に加え、「お金」「健康」「つながり・絆」分野においても価値を提供していくこととしたのです。

　このように当社の提供価値のフィールドが広がる中、DSR経営を進化させることで、各所属においても「従来行ってきた生命保険での価値提供のみならず、QOL向上への貢献に向けて私たちにできること」を考え、実践していくことが求められますが、今まで培ってきた経営品質取組のノウハウがここで活かされるものと確信しています。

つまり、経営品質取組は、いかなる環境変化が訪れても、その中で最良の方策を見出すことで、お客さまや社会と共に成長し続け、会社や組織・人も成長し続けられる経営ですので、こういう環境変化時こそ最大限の力を発揮するものと考えています。

　最後に、第一生命グループは経営品質に取り組みはじめて23年、経営品質賞を受賞して19年になります。
　人口減少やバブル崩壊、ＩＴの目まぐるしい進歩等、この20年は過去にない規模で当社グループを取り巻く環境の変化がおきましたが、今後もこれを上回る目まぐるしい変化に遭遇することは間違いありません。
　そういう時代だからこそ、経営品質という経営の軸を持つことにより、環境変化に対応するだけではなく、環境変化を自らで創っていく、そういう経営ができるのではないかと考えています。

第 2 章

組織力を向上させる

多くの会社が気づいていない組織的能力とは

そもそもすばらしい会社、組織、代理店とは、どのような組織状態でしょうか? まず挙げられることは、賢明な集団であり、何より良い顧客層に囲まれているということです。そのような組織は、「知識創造力」や「仕組み＝プロセスを組み立てる能力」に長けています。

一方、イノベーションを起こすことのできない組織は、いずれ必ずじり貧になっていきますが、それはこのような賢明な組織状態とかけ離れていくからです。

そこで保険会社の社員だけでなく、代理店の経営者、さらに募集人や事務員さんでもわかるように経営の基本に基づいて、従業員全員が働きたくなるすばらしい組織をどうつくるべきかを説明していきましょう。

信なくば立たず

私は 2010 年から 2014 年まで、静岡のしずてつストア(2014 年当時、34 店舗、売上高 460 億円、従業員数約 2500 名)の経営者をやっていましたが、いつもイトーヨーカドーを創業された伊藤雅俊さんの『商いの心』という本を横に置いていました。その本には以下のようなことが書かれ

ています。

「お客様は来て下さらないもの」

「お取引先様は売って下さらないもの」

「銀行は貸して下さらないもの」

　というものです。

　この３つの言葉に照らし合わせてみると、保険業界および保険代理店の仕事というのはありがたいものです。飲食店などでは、雨が降ればお客様は来ないし、調子が良いとすぐに隣にライバルができ、他店の方が少しでも良ければ、そして他店の方が安ければ、簡単に顧客は移ってしまいます。

　一方、保険には更改・更新があり、お客様は、飲食などに比べれば驚くほど長く定期的に購入し続けてくださいます。終身保障の生命保険ならば、一生涯のおつき合いです。

　そして、メーカーとも言える保険会社は「どんどん売ってください」と、いつでも代理店に言います。飲食や流通では、ちょっとでも支払いが滞ったり、卸業者やメーカーとの関係が悪くなったりすれば、商品供給をストップされてしまいます。さらに、飲食や流通業ではお店を構えなければならないので、初期の設備投資もとても大きなものになります。

　その点、ほとんどの保険代理店は自宅でも開業できますから、過大な設備投資は不要ですし、商品の仕入れにもお金がかからないので、銀行に大きな融資をお願いする必要もありません。

　さらに決定的なことは、業法で守られているので、同じ商品は誰が売っても同じ価格です(販売量によって保険会社から支払われる代理店手数料は変わりますが、お客様に販売される保険料は変わりません)。

　飲食や流通業のような他の業態を経験した人の立場から見れば、こんなに恵まれた業界はありません。昨今の厳しい社会環境を考慮すると、あり得ないと思えるほど恵まれているのかもしれません。

　しかし、かんぽ生命で問題となっているように、このような守られ、

恵まれた状態が長く続いたために、それにあぐらをかいて不誠実な対応しかできない保険会社や保険代理店までもが商売を継続できてしまったのも事実です。

たとえば自分の都合の良いように利益誘導してみたり、不必要な買い換えを推奨してみたり、業法改正を云々する以前の段階で、あまりにもいい加減な商売が成り立っていたのです。

だからこそ保険業界のみなさんも、厳しい環境の流通業や小売業、その他の業界で生き残ってきた人たちが、どんなことを大切に商売してきたのか、その思いとベースとなっている理論を知ることは、とても大切なことではないかと思います。

もちろん伊藤雅俊さんがイトーヨーカドーを創業したばかりの頃のような、辛酸をなめた経験は、時代は変わっても多くの保険代理店経営者も経験しているはずです。

そして、伊藤さんが言う「商いにおいて一番大切なことは信用であり、信用の担保はお金や物ではなく、人間としての誠実さ、まじめさ、そして何よりも真摯さである」という商いの基本を実感できる人も数多くいらっしゃると思います。

伊藤さんは著書の中で「信なくば立たず」と書いており、同様のことはこれまでも数え切れないほど多くの著名な経営者も語っていますが、これこそが商い成功のための普遍的な真理ではないでしょうか。

自立と自律に向けて組織の
マネジメント力を強化する

2016年に行われた保険業法改正の目的を突き詰めれば、結局ここにたどり着くのです。

本書では金融庁の検査を回避するためのテクニックの問題を論ずるのではなく、保険会社や保険代理店の心のありようと、それを支える理論的なバックボーンを考えていきます。

今のところ、保険代理店の多くは、幸いにも数多くのお客様が契約を継続してくださり、取引先(保険会社)は喜んで商品を提供してくれて、銀行からの借り入れの必要もほとんどありません。これは、ご自身のみならず、業界の先人たちの努力のおかげですが、「信なくば立たず」という基本は、少しでも気を抜くとおろそかになりがちです。この基本はお客様に対してだけではなく、社員に対しても同じように必要とされることです。

　目先の結果ばかりを追い求め、基本を忘れてしまえば、知らぬ間に良い社員がいなくなり、じわじわと気づかない程度に少しずつお客様が減っていきます。

　しかし、保険業界・保険代理店の怖いところは、サービスや対応の満足度が下がっていても、更改・更新があるため、簡単には契約・売上が落ちてこないことにあります。

　4年や5年は契約・売上がそれほど大きく下がらず、「調子悪いなぁ」くらいにしか感じられません。ところが、このような状態が続くということは、顧客満足度は下がっている状態なので、ある時、突然目に見えて大きく契約・売上が落ちます。

　気づいたときには大きな石が坂道をころげ落ちるような状態になっていて、それを再び元に戻すにはとてつもないエネルギーを必要とします。

　多くの会社の場合、こうして立ちゆかなくなります。会社が涸れた井戸のようになっていってしまうのです。涸れた井戸からは水を汲むことはできません。利益は井戸の水のようなものですから、涸らしては元も子もありません。目先の利益ばかりを追い求めていると、井戸の水が涸れようとしていることにさえ気づかなくなっていくのです。

　保険業界はあまりにも恵まれた業界だからこそ、ズルズルと契約が落ちはじめているという現象は、ずっと前からお客様の信頼を失っているということの証であり、それが形になってしまってからではもう遅いと言えます。

　ズルズルと契約落ちが続いている状態というのは、保険代理店にとってはもう赤信号が点滅していることなのだと認識しなければなりません。飲食業界や流通業界は逆に、お客様の流動性が高いだけに、このようなことに早く気づくことができるので、立て直しも早めにできるのです。井戸を涸らさないための普遍的な真理こそ、商いの基本、すなわち「信なくば立たず」なのですが、精神論だけでこれを実現できるわけではありません。それを実現するには、支える理論を知る必要があり、それを実践・徹底できる仕組みづくりが必要となるのです。

理念・ビジョンを戦略と実行計画に落とす

　散歩のついでに富士山やチョモランマに登った人はいませんし、5年先、10年先がどうなるかということを完璧に予測することなど誰もできません。それゆえ、中長期ビジョンや中長期計画は不要だと考える経営者もかなりいます。確かにIT業界などでは技術的な先は読みにくいと思います。しかし、保険業界や保険代理店業界では、他業界に比べれば業界がどのようになっていくかを読むことはおおよそ可能です。

　たとえば、AIの進化とぶつからない自動車の普及による保険への影響や、委任型・委託型代理店の統合がある程度収束していくこと、まだ主力の60歳以上のお客様群の保険市場(保険料支払者として)からの退出の加速などです。

　せめて、そのようなことを読み込んで、中長期ビジョンや計画を策定することはとても重要なことになります。なぜならば、世の中の変化に対して、一朝一夕には対応できないことがたくさんあるからです。特に人材に関して言えば、簡単には人は育たないということです。

　店舗を構えるようなことはすぐにできますが、新人や研修生などが一人前になるにも新しい事務スタッフの方たちが能力を上げていくにも時間がかかりますし、お客様の満足度もなかなか上がりません。結

果として代理店全体の生産性を上げていくことはとても時間がかかるのです。

　それゆえ、ビジョンなくしてこれから10年先に向けた事業を進めていくことはできません。

　代理店経営者の多くは、10年先には引退している可能性も高いかもしれません。だからこそ、10年後、主力になっていると思われる幹部、募集人、事務スタッフが、自分のこととして代理店がどうあるべきかを考えていかなければなりません。また、引退するかもしれない人たちも、自分がいなくなった代理店がじり貧になり、評判を落としているとなれば、安心した老後は過ごせません。引退する人たちもこうなっていてほしいという想いを残していくことも必要です。

　だから、これからのビジョン・方針策定にあたって、自分たちが考えるビジョンはどうあるべきか、何が顧客や市場に求められているのかを保険業界で働くみなさんが、それぞれ自分の言葉によって何度も本音で語り合う必要があります。ぜひ、このような時間をとって従業員のみなさんの思いの丈を熱く語っていただきたいと思います。

　そして、住宅や建物を建てるときに必ず設計図があるように、良い組織や代理店をつくっていくにもビジョンに向けての設計図は必要です。設計図に沿って何をやっていくかをみなさんで考えなければ、羅針盤なしに、大海原への航海に乗り出していくようなものです。

経営品質を高めるためのフレームワーク

　この設計図こそが経営品質のアセスメント基準のフレームワークです。永続的に卓越した業績を挙げるための経営品質のアセスメント基準の骨格には、以下の要素があります（詳細をお知りになりたい方は巻末資料をご覧ください）。

①リーダーシップ

　理念や価値観の共有・共感・共鳴・共振の仕組みづくり

②社会的責任

　コンプライアンス徹底の仕組みづくりや社会貢献の風土づくり

③戦略計画

　PDCA の P から全員が参画する仕組みづくり

④組織能力

　やる気とコラボレーション能力を高める仕組みづくり

⑤顧客・市場の理解

　CS を高める仕組みづくり

⑥価値創造プロセス

　営業活動など生産性の向上

⑦活動結果

⑧振り返りと学習

　会社全体の仕組みと結果を PDCA できる仕組みづくり

　私たちが求めるすばらしい会社、良いお店づくりというのは、「志（経営理念）」「ビジョン」などを額に飾るだけではなく、それを確たる信念に変えて、それに向けての①から⑧に沿って、仕組みづくりと環境づくりをしてこそ成果がついてきます。

　そもそもビジョンを考えていくには、まず組織全員で大切にしている理念・価値観はどのようなものなのかを確認することが基本となります。野球やサッカーにたとえると、どんなタイプやスタイルのチームになりたいか、家庭ならどんな家族になりたいかというようなことです。

　少なくとも最低限この程度のことを考えていなければ、強いチームなどつくれないことは誰でも理解できることと思います。プロ野球チームでも、球団や監督や選手が考える強いチームにしていくには何年もかかるのは誰でも知っているでしょう。そして、チームのビジョン

が不明確な、あるいはビジョンはあっても具体的な設計図を持たない球団・監督のチームの成績が低迷していることも誰もが知っています。では、保険会社や保険代理店ではどうでしょうか？

　ビジョンも明確にしていない、チーム全員が目指すべき方向性も明確ではない、そしてそのための設計図も持っていない代理店は、何となく、散歩のついでに富士山に登れるだろうというような考えの組織です。そのようなチームの成果が上がるはずはないのです。

顧客の意向把握のために

顧客インサイトを知る

　良い顧客層こそ社員の幸せをもたらします。10年かけて客層を変えていくためにも、戦略顧客層の要求・期待を把握することが重要となります。

　さて、ここ10年ほどで「インサイト」という言葉が使われるようになり、広告代理店業界やマーケティングに携わる人たちの間でも「インサイト」という言葉が当たり前に使われるようになってきています。しかし、その本当の意味を理解している人が多いとは言えません。なぜならば、この言葉がかなり抽象的で曖昧だからです。

　そこでここでは、本来のインサイトとは何なのか、インサイトの意味を知り、実践することによって保険会社や保険代理店の営業活動はどう変えていくべきか？　これらの点をじっくりと考えていきましょう。

インサイトの意味を考える

　インサイトを辞書で調べると、洞察力、識見、明察、看破などと記

載されています。

　つまり顧客に直接聞くだけでなく、客観的に観察していくことで、顧客が求めている真の価値を洞察し、それをソリューションにつなげて、組織として的確な商品を提供できるようにしていくことです。

　保険業界のみなさんからは、あまりこの言葉を聞いたことはありませんが、昨今、マーケティングに携わる人たちは、誰もが「消費者インサイト」とか「コンシューマー・インサイト」という言葉を使っています。

　さらに、この考え方を実際のマーケティングに活用している企業もかなりあり、病院など医療機関、介護施設などでもこのような考え方を活用しています。

　日本経営品質賞を受賞した、鳥取県と東京都で介護事業を展開する社会福祉法人こうほうえんでは、入居者の行動を少し離れた場所で平均6時間もの間、客観的に観察し、何を改善すべきか、何を提供すべきかを見つけていく、DCM（認知症ケアマッピング）という手法を取り入れていますが、このような活動はインサイトそのものです。認知症の方たちの要求期待を把握するのに比べれば、保険会社や保険代理店のみなさんが、お客様の真の要求・期待を見つけることは、はるかに楽なはずです。

　しかし、インサイトという概念のとらえ方は、人によって違い、マーケティング業界では中途半端な理解のまま横文字の言葉だけが一人歩きしているように思えます。

　たとえば、今までのアンケート調査や製品の愛用者カードなどをもとにして活動することをインサイトだと考えている会社もあれば、マスコミの記事などから最新の消費者のトレンドを読み込んでいることをインサイトだと考えている企業もあります。つまり、インサイトという言葉を、単に「消費者を理解する」というレベルでしか、とらえていない人たちがまだかなり多いのではないかと思います。

ルーティン作業で仕事をした気になっている 組織の体質から脱皮する

　では、本来の「コンシューマー（消費者）・インサイト」とはどういうものなのでしょうか。そして、保険業界ではどう考えるべきなのでしょうか？

　簡単に言えば、もっと「消費者の本音」を観察し、洞察することです。まさしく、業法改正で当局が求めていることそのものです。

　では、顧客の本音のすべてに対応しなければならないのか？　と短絡的に考えられてしまうと困ります。あくまでも、顧客の本音を的確に把握しつつ、自社のブランドイメージを高めたり、実際の営業活動をより効果的なものにしていったりするために活動するのでなければ意味がありません。ここでの顧客は、主要な顧客、あるいはターゲットとすべき顧客セグメントでもいいと思いますが、このような顧客や消費者自身も気づいていないような深層心理に気づき、実際の営業活動に活用できるようなプロセスこそがインサイトです。

　保険代理店が顧客インサイトを真剣に考えるべき大きな意味は、今までのように、更新・更改などのルーティン作業に従事していれば仕事をした気になっているような組織の体質から脱皮することです。

　なぜなら電話募集や自動更新などの機械的作業からは、顧客の深層心理を探り、新たな価値を生み出すことなど、なかなかできるものではないからです。

　顧客の深層心理を知ることは、代理店が独自性の高いユニークなソリューションを提案することにつながります。そして、そのためには一人ひとりが創造性を発揮していかなければなりません。その結果として他社に真似されない独自の戦略を生み出すことにつながっていきます。これを、イノベーション（経営革新）サイクルと言います。もっとわかりやすい言葉に置き換えれば、「消費者インサイト」とは、「思わずその商品が欲しくなるポイント」を探ることです。

さらに「ショッパー・インサイト」という言葉もよく使われます。すなわち「売場の前を通りかかったときに、『あ、これ、いいな。欲しいな』と思うポイント」を見つけることです。そのキーとなるポイントをとらえて、保険商品の提案や顧客とのコミュニケーション、店頭でのプロモーションなどにつなげていくのが本来のインサイトです。「保険代理店が、こんなことできるわけないよ」と思っている人もいるかとは思いますが、すでにこのようなことを実践し、成果を挙げている代理店もあります。そして、金融庁のモニタリング項目でも「顧客ニーズに即した商品・サービスの提供」は大きな要素となっています。

顧客の意向を把握する仕組みづくりが重要

では、ここへきて、なぜインサイトという言葉が重視されるようになったのでしょうか？　そもそもインサイトという考え方は、いつ頃から出てきたのでしょうか。

私は、1990年代は三和総合研究所（現・三菱UFJリサーチ＆コンサルティング）でマーケティングの仕事をしていましたが、当初、国内でインサイトのコンセプトをマーケティングに活用していたのは外資系の企業などに限られていました。日本のマーケティング業界がこのようなコンセプトを言いはじめたのは1990年代後半です。

そもそも、昨今インサイトという概念が注目された大きな背景としては、新商品を出せば売れる時代ではなくなったことにあります。一昔前は、それなりの品質の商品をテレビで宣伝し、店頭に並べておければ売れるという、今から考えればきわめてシンプルな時代でしたが、最近では、消費者や顧客は一通りのモノは所有しており、ことさら何かが欲しいという欲求自体が消費者の中で減ってきています。だから、人の深層心理をとらえないと、見向きもされない時代になってきているのです。

一方で、売り手の作業効率化ばかりを追い求める、自動更新や電話

募集のような無機質の作業の中からは、顧客の真のニーズを把握したり、欲求を喚起したりすることなどできません。

　保険は同一商品を同一価格で販売できる数少ない恵まれた業界だからこそ、顧客の要求期待をきちんと把握することが、そのまま顧客の信頼を得ることにつながり、成果につながります。だからこそ、意向把握の仕組みづくりは重要です。

自動更新や電話応対だけでは、真の意向はつかめない

　さて、もともとインサイトという概念は、広告業界から生まれてきた考え方ということはすでに述べました。なぜならば、昨今のテレビCMや新聞広告などは、どうしたら消費者を振り向かせ、人の心を動かすことができるかという発想でつくられているからです。そして、このインサイトという考え方は、商品開発にも、営業活動の革新にも当てはまるのではないかということに気づき、Ｐ＆Ｇやコカ・コーラなどが積極的にマーケティングに取り入れていったのです。

　飽和したマーケットで、すでに何も欲しくない人たちを振り向かせるにはどうしたらいいのかという点において、インサイトを知ることは、保険業界にとっても大きな意味があります。さらに、今でもそうですが、以前は「差別化」という言葉がよく言われましたし、私もよく使う言葉です。しかし、差別化戦略が有効なのは、お客様自身が欲しい商品の機能をある程度理解していた場合です。

　しかも、テレビや自動車、冷蔵庫や洗濯機という同じカテゴリーの商品比較ならば、どのように他の商品との違いをわかってもらうかが勝負の決め手なので、使いやすさや改善点をアピールできるかどうかで、自社の商品を選んでいただけるかどうかが決まっていました。わかりやすく言えば、競合商品と差別化をして、自社が提案する商品やサービス、ソリューションがより優位だと強調すれば売れたわけです。

　つまり、性能や付加価値、価格において、少しでも他社より優位に立つポイントを見つけることが、これまでのマーケティングの基本的な目的だったのです。しかしここへきて大きな問題となっていることは、昨今のように、とり立てて買いたい商品そのものがない人たちが増えているということです。

　たとえば最近、よく若い人たちが車に乗らなくなってきていると言われます。そういう人たちに、他社より高性能だ、スピードが出る、乗り心地が良いなどと、スペックを説明してもほとんど意味がありません。

　その前に、車自体を欲しいと思ってもらえるようにすることの方が大事です。昨今のトヨタ自動車の宣伝をみれば明らかにこのような方向性に変わっていることをみなさんも感じているでしょう。

　そのためには若者たちが、日常の生活でどんなことをしたいと思っているのか、それに対して車という商品がどのように役に立つのかというようなことを探って、必要だと思ってもらえるようライフスタイルそのものの提案をしなければなりません。もはや、売り手の都合一辺倒のメッセージでは何も相手の心に響かないということを、自動車業界などは心得ているのです。

　そのようなことが、現在ではさまざまな分野で叫ばれるようになり、今回の業法改正では、お客様のライフスタイルにおいて、どんなことが保険に求められているかを把握しなければならないのに、重要性を喚起することなく、一方的な商品提案や、売り手の効率化のためだけに、保険の自動更新や電話での対応で済ませてしまうようなことでは、真の意向把握などできないうえに、コロナ騒動で対面募集ができなくなっているというジレンマがあり、オンライン募集であっても顧客との信頼関係構築をしていかなければならないという、とても高度な状況に突入しているのです。

顧客は一人ひとり
別々のライフスタイルを持っている

　これまでも、お客様に満足していただくために、お客様にニーズを喚起してきたという代理店も多いとは思いますが、そもそも、なぜ以前に比べてこのようなことが重視されるようになってきたのでしょうか。

　マーケットが右肩上がりに拡大していた時代、すなわち需要が供給よりも大きかった時は、商品やサービスの「改良」や「改善」さえすれば、売上や客数の拡大に結びついていました。

　だから、お客様の不満を聞き、それに応えることさえできれば、おおよそ大きな成果に結びつけることができたのです。しかも、お客様に対して、目を向ける範囲は保険の分野でも、自動車保険や生命保険というように、非常に狭い範囲のことだけでよかったわけです。

　しかし、これからのインサイト（洞察）の基本的な考え方は、お客様を保険の契約者という大まかなくくりでとらえるのではなく、「一人ひとり別々のライフスタイルを持った人間として見る」ということが重要になります。

　どういうことかと言うと、お客様を知ることはこれまでのマーケティングでも大切だと言われてきて、みなさんも調査会社も、お客様のニーズを探り出し、そのニーズを満たすメリットを見つけてきたわけです。しかし、顧客アンケートなどのパーセンテージだけで物事を判断するような分析ではお客様の本音のとらえることはできない、というのはマーケティングの世界で30年も前から言われ続け、それがここへきて再度クローズアップされてきているのです。

　そして、消費者としてのお客様を考える前提が、根本的に変化してきています。

　従来の消費者分析では、お客様は論理的にモノを考え、合理的に判断し行動するという前提で考えられてきました。商品を選ぶときも、

より性能が優れているもの、性能が同じなら付加価値を比較する、価格が安い方が良いはずだと考えてきたわけです。

　それに対してインサイトは、お客様はそんなことよりも、本来は、気持ちや感情で購入行動をするはずだと考えるということです。それはお客様を一人ひとり別々のライフスタイルを持った人間として、なぜ保険がそのライフスタイルにおいて役に立つのかということを洞察するということが大切だ、ということを意味します。

　また、お客様への価値提案「バリュー・プロポジション」も重要となります。その価値提案が人としての感情をとらえ、お客様と商品・サービスの間に共感をつくり出すと考えられるようになってきました。インサイトが、お客様の行動を変えることのできる「心のボタン」だとしたら、そのボタンを押すのがプロポジションです。

　たとえば、プレミアムアイスクリームのハーゲンダッツが日本市場に参入したのは 1984 年ですが、その頃の日本には「アイスクリームは子どもの食べ物」という固定観念がありました。これこそが、ハーゲンダッツが見つけ出したインサイトでした。これに対して「大人が幸せに浸る、アイスクリーム」というバリュー・プロポジションで、大人のアイスクリームであることを印象づける戦略を取ったのはみなさんもよくご存じのはずです。つまり、アイスクリームを初めて「大人のもの」にすることで、子どもの食べ物の範疇から、おしゃれな大人の食べ物の範疇に価値を引き上げ、結果として日本市場参入に成功したのです。

顧客自身さえもわからない本音

　では、どうやってそういうお客様の本音をインサイトから見つけたらいいのでしょうか。

「お客様の本音」を探るときに問題になるのが、これまでのアンケートのような定量調査やグループインタビューのような定性調査の限界

です。こうした従来の調査手法や、ただパーセンテージで良いか悪いかを判断するような分析レベルでは、消費者の本音を探ることはできません。なぜなら、人は「なぜ」と聞かれても、それがなぜなのか顧客自身さえもわからないからです。

簡単に言えば、「おたくの商品は高いからね」という断り文句の大半は本音ではなく、ほとんどの場合、ちょっとした態度が気にいらなかったとか、何となく相性が悪いので頼みたくないということを、価格のせいにすれば簡単に断ることができるということからよく使われる常套手段というのと同じです。それは本人自身もその理由を分析的に回答などできないからです。このようなことも知らずに、お客様が価格を理由に、適当に断ったことを真に受けて、安い提案を持っていってもなかなか契約に結びつかないのです。

2016年の保険業法改正で顧客が口に出さない意向をも把握すべし、というようなことが求められています。しかし、それは本質的にはそんな簡単なことではありません。

私は日本行動計量学会に所属しています。人の本音に基づく行動を科学的に探るような研究団体で、このようなことを研究している人たちはたくさんいますが、多くの科学者にとっても永遠の研究テーマです。今回の業法改正をきっかけに、お客様の本音をインサイトしてみることの重要性に保険代理店のみなさんが気づくことは、10年後20年後を考えれば、とても良いことだと思います。

意向を把握する本来の目的を見失ってはいけない

2016年の業法改正で、顧客が必要としているはずの潜在的なニーズに対して、どのように意向把握を行っていくのかが課題となっていることはみなさんもご存知のことでしょう。現実はマニュアルに沿った形での業法改正への対応が目的化してしまったような議論に終始しているようにも思います。とは言うものの現実論としては、これはこ

れで最低限必要なことであり、私は何ら否定すべきことだとも思っていません。

　しかし、今後の厳しい事業環境の中で生き残るためには、本来の目的である顧客の真の意向把握をどう行っていくかは、保険会社も、それぞれの代理店も、もっと真剣に考えなければならない問題であり、業法に対応できればいいというレベルの話ではないのです。

　さて、かつてアメリカで、顧客インサイトに関するおもしろい実験がありました。スーパーマーケットで大きなカートいっぱいにまとめ買いをするのが、今や日本でも当たり前になっていますが、アメリカで行われたこの実験では、その買い物かごがいっぱいのお客様がレジに並ぶ前に、まず調査員が呼び止めます。実はそこで調査員が聞く話というのはどうでもよくて、もう１人の調査員が、たとえばその買い物客が水の「エビアン」を買っていたら、話で気を引いている間に、それをこっそり「ボルヴィック」にすり替えるのです。

　そして、レジで精算がすんで出てきたところにもう１人の調査員がいて、「あなたはボルヴィックを買いましたが、その理由は何ですか」と聞くのです。すると７〜８割の人が、「これはほかの水より美味しいから」「美容にいいから」「妻が好きだから」と、そのすり替えられたボルヴィックを買った理由を当然のように答えたというのです。これはマーケティングの世界では有名な実験です。

　このような実験から言えることは、お客様は「なぜこの商品を購入したのか」と理由を聞かれたら、後づけで理由を考えて答えているのではないかということです。つまり私たち人間は、自分がした行動、しようとする行動を瞬間的に理由づけして正当化してしまうということなのです。

　保険業界においても、今まで行われてきた意向把握やアンケートのような調査は、そのような本人もきちんとした理由を把握できていないことを無理矢理聞き出していた可能性があります。

　業法改正に対応するための意向確認アンケートなども、まさしく保

険会社や代理店が自分たちの行うことを正当化するためのものになりがちです。だとすれば、本当の意向、本来あるはずの潜在的なニーズ・ウォンツをとらえることなどなかなかできないのではないかと思います。

　最近になって、脳科学者のA.K.プラディープの『マーケターの知らない95%』(阪急コミュニケーションズ)という本が日本でも出版されました。簡単に言えば、脳の情報処理の95%は潜在意識で行っているという話です。そもそも自分もろくに意識してない行動を、アンケートや面談で根掘り葉掘り聞かれたりしたら、適当に答えるしかないですから、何とか理屈をつけて回答するわけです。だから、消費者の本音を探るのに「なぜ?」と聞くのは禁句だと言われているのです。

　もし、そのようないい加減な回答に沿って商品開発、商品提案をしたのならば、顧客の意向にフィットするはずもないからです。新しいマーケットを切り開いて販売し、商品開発している人たちは、自分ならこうしたいという夢を忘れていません。実際に保険の販売でも、みなさんの直感と熱意がお客様の心を捕らえて、新たな契約に結びついたことはとても多いと思います。

　顧客インサイトというのは、それを方法論化し、組織的に行おうという理論と実践であり、保険業界にかかわる私たちもそろそろこのようなことに目を向ける時期にさしかかっているのではないかと思います。ですから、保険会社が用意してくれるような業法改正に対応するマニュアルやアンケート、意向確認書類は最低限必要なことであると認識し、真にお客様の心をとらえることのできる提案は、お客様のライフスタイルや行動から、本当は何を求めているのかを洞察し、「それなんだよ、気づかなかったけど、そんな提案、商品があればいいなと思っていたんだよね」と、言っていただけるようにすることです。

　このことに関しては、一部の保険会社がビッグデータの活用を視野に入れ、募集人が顧客に提示するプラン提案にAIを導入しはじめています。10年後にはAIがインサイトしてくれる時代になるかもしれ

ません。そうなった場合、代理店の存在意義はどこにあるのでしょうか。

法人顧客の意向を把握する
——求められる経営的な視点

　目先の対応ばかりに目を奪われて、顧客の意向把握の目的を見失ってはいけません。

　顧客インサイト（意向の洞察・観察）とひと口に言っても、人はいろいろなことを考え、思い、悩み、生活しているわけですから、非常に領域が広く、それを一つひとつ掘り下げていくと、膨大な社会科学的研究となってしまい、通常の営業活動の範疇の中ではとてもまとめきれません。ですから、チャンスがありそうだという領域を例として、考えてみましょう。

　まず、最初にやらなければならないことは、お客様が今後、何をしたいか、どんなビジョンを描いているのかを知ることです。法人顧客ならば、担当の方だけでなく、会社のトップ層の方にも会って、会社をどうしていきたいのか、どういうことを成し遂げていきたいのかを聞くことです。保険のことは後回しでも問題ありません。

　たとえば、会社の売上を20%増やしたい、あるいは3年間で倍にしたいというような場合もあれば、シェアを増やしたい、既存の製品のブランドイメージを変えたいなどということもあります。

　このように経営者の目標がはっきりすれば、それに沿って、どういうニーズがあるかを、洞察していけばいいわけです。そもそも、保険によって何ができるか、あるいは保険代理店が何をしてくれるかなどということは、お客様は深く考えてはいません。単純に何かあれば損害賠償してくれる程度のことしか考えていない場合も多いものです。そんなことよりも事業の拡大の方にしか経営者の思いはおよんでいないことの方がはるかに多いのです。

　さて、もし20%程度の売上アップが目標であれば、今までの経営

63

課題の修正で達成できる可能性がありますが、3年間で売上を倍にするのが目標だというのであれば、従来のやり方の延長線上ではとても無理なはずです。それゆえ、売上倍増のためには、新たな顧客ターゲットを取り込む、M&Aをする、東南アジアや中国などに販売拠点を増やしたりするなどの必要性が出てきます。そうなれば当然、現地に新工場を建設したり、新店舗をつくったりすることになり、人の採用も含めて、そのような事業展開の背景には種々のリスクがあることがわかります。そこで、こちらとしては想定されるリスクを整理して、リスクマネジメントの提案をすることになるわけです。

多くの経営者は事業拡大に関する直接的なことは考えてはいるでしょうが、その際リスクをどうマネジメントするかまでは、それほど現実的には考えていません。そもそも、何か大きな変化をおこさない限り、3年で売上を倍にはできません。そのために、どこにビジネスチャンスがあり、どんなリスクが発生するかくらいのことは、代理店をやっている人ならば簡単に洞察できるはずです。

業法改正によって決められた意向把握というプロセスを踏むことは重要ですが、それだけでは本来の顧客のニーズを洞察することはなかなかできないものです。またクライアントが新事業などを展開する際には、マーケティングやリスク分析は通常行われるものですが、保険の提案にあたっては、より経営的な視点が必要となります。

例を挙げれば、今までAブランドは全体の8割を60歳以上の顧客が消費しているというような調査結果が出たとしたら、当然、マーケティングのターゲットはその60歳以上の人たちに向けたいろいろな活動に絞り込まれていたわけです。要は、今までのマーケティングというのは、既存市場、既存の商売の領域において、より効率を上げることを重視していればよかったわけですが、今後の人口減少社会では、ほとんどの場合、需要を新たに創り出さなければ、市場の拡大はできません。

それゆえ、今まで以上にエネルギーをかけて、どこに新しい需要や

ニーズが埋もれているのかを洞察する必要があるのです。

　そのためには、お客様の本音を探り、掘り起こしながら、把握していくことが重要となるわけです。そもそもこれが本来求められる意向把握です。

ライフスタイルから個人顧客の本音を探る

　次に個人顧客ならば、具体的にはどうすればお客様自身も気づいていない本音を探ることはできるのでしょうか。最新のマーケティングでは、「エスノグラフィー」「フォトダイアリー」「コラージュ・エクササイズ」「ワードカード刺激法」など、いろいろな手法がすでに開発されています。

　消費者のうまく言葉にできない言動や潜在意識的な言動を観察する手法の「エスノグラフィー」は、最近、日本でも注目されるようになりましたが、外資系企業では90年代から顧客の本音を探る手法として使われていました。この「エスノグラフィー」に、「シャドーイング」という手法もあります。1日中その人についてまわって行動を観察するという方法です。外出先だけでなく、自宅やベッドルームまで金魚の糞のようについていき、様子を観察する方法です。ただこの方法は、アメリカ人は受け入れてくれても、日本人ではほぼ断られるようです。

　そこで、「フォトダイアリー」で代用するということも行われています。調査員が金魚の糞のように密着して観察する代わりに、お客様自身に、あるテーマに沿って、そのときどきで写真を撮ってもらうものです。こうすることによって普段はあまり気にも留めなかったことを意識してもらえ、ライフスタイルをインタビューするときも、写真をベースに話すことで、本音も出やすいのです。

　このように、顧客の本音を探る手法にはいろいろ開発され、進化しています。これを現実的な方法に当てはめてみれば、たとえばお客様

がフェイスブックをやっていれば、どのようなライフスタイルで日常を過ごしているかがわかります。それがなくても簡単な方法は、何気ない会話からスマートフォンなどのフォトアルバムを見せてもらえれば、お客様の気づいていない保険に対するニーズはいくらでも洞察できます。

　形ばかりの業法改正対策でお茶を濁すのではなく、せっかく訪れたこの機会を活かして、他社にはできない独自の手法で隠れた顧客の意向を把握していくことがとても重要で、そのような活動こそが真の顧客の意向把握、すなわち顧客インサイトと言われるものなのです。

第3章

持続的経営を可能にする

変革をもたらすイノベーションサイクル

　私は日本経営品質賞を主宰する経営品質協議会の認定アセッサーという資格を有しています。また、クライアントが日本経営品質賞や経営デザイン認証に挑戦することも多々あります。その資格認定の継続や日本経営品質賞、経営デザイン認証に申請するために、定期的に、経営品質協議会が主催する組織の経営品質をアセスメントするためのポイントについての講習会に出席して、継続的に勉強しています。

　毎年多くの気づきがあるのですが、そのエッセンスを代理店の経営に当てはめて、組織力が強い代理店というのはどのような状態なのか深掘りしたいと思います。

「展開力」と「統合力」

　まず、組織として進むべき方向性やビジネスを展開するうえでの意図、そしてやろうとしていることの目的が、全員にきちんと伝わり、あたかも同じ意図に向けて行動する軍の部隊のような展開力が、強い組織づくりの大きなポイントとなります。「展開」というのは、英語では「deployment（デプロイメント）」と言います。

　以前、アメリカ第七艦隊の空母カールビンソンと打撃群が北朝鮮軍

を仮想敵として、編成、派遣されたということが大きな話題になりましたが、このようなことはまさしく「展開」と言えるでしょう。もともとは軍備を戦略的に着々と配備することを意味する言葉です。経営の場合には、商品やサービスの企画、設計、開発、生産、販売段階において、各部門や各機能が互いの状況を理解し合って、効果的に連携している状態のことを意味します。

もう一つの重要なコンセプトである「統合」は、英語では「integration（インテグレーション）」と言います。こちらは一貫性、まとまり、一体化という意味があります。経営においては、組織として掲げる目的と、第一線で働くメンバーの行動に一貫性があり、個々の能力がその目的のためにきちんと発揮できているような状態のことを指します。

強い組織力を持つ代理店においては、この展開力と統合力が優れています。簡単に言えば、みんなが同じ方向に向けて協力し合っており、何となくバラバラに個々が仕事しているなどということはあり得ません。

「展開力」のある組織
──「ものの見方・考え方」を一致させる

では、展開力の差について考えてみましょう。組織内の、あるいは部門間のいろいろなやりとりの連携がうまくできている組織では、意思決定においてきちんとした合意形成ができています。しかし、このような連携がうまくいっていない組織では、何か物事を決めていくたびに、非効率な調整会議ばかりを必要とします。前者と後者では生産性にもモチベーションにも大きな差が出ることは言うまでもありません。

意思決定において合意形成のできている組織では、そもそも「ものの見方や考え方」について、部門や担当者間、経営者と社員の間で完全に一致しています。だから自分たちが目指すべきこと、やらなけれ

ばならないこと、その重要性を、みんながわかっています。そしてその実現に向けて建設的な対話ができているのです。さらに、このような状態だと、日々の業務において互いに嫌な思いもしなくてすみます。

　ところが、何をやるにもいちいち調整会議が必要な組織では、そもそもの「ものの見方・考え方」が部門間でも担当者間でも異なっており、バラバラになりがちです。

　たとえば、今スピードを重視すべきか、丁寧さを重視すべきか、ということが課題だった場合、組織としての優先順位を明確にしなければなりませんが、いちいち調整会議が必要な組織・代理店では、それぞれの部門や個々の担当者が、自分最適の視点に基づく「こうすべきだ」「こっちにした方がいい」といった主張のぶつかり合いばかりになってしまい、さらに、そもそもの「ものの見方・考え方」がバラバラなので、平行線のままでいくか、片方が納得しないまま、多数決で意思決定がされていきます。困ったことに、そのような主張を論じ合うのが、会議なのだと勘違いしている組織もあります。

　日々の業務に追われる中でも、組織としての「ものの見方・考え方」を一致させることをあきらめずに続けていかなければ、話し合いの方向性はずっと平行線をたどり、いつまでも一致しないのです。ただし「ものの見方・考え方」を一致させていくことはとても時間のかかることです。

　強い会社や代理店は、これを10年や20年かけて独自の風土として培ってきたのです。だから他の代理店は、真似できません。もちろん実際は、短期的な施策もスピーディな意思決定もせざるを得ませんから、長期的なことばかりでなく、短期的なことも同時に進めていく必要があります。強い組織は、保険の提案と同様、長短同時にやっているのです。

　調整ばかりに時間のかかる会社では、効率と生産性を上げるために、皮肉なことに効率と生産性の悪い、一方通行型で、本音で話し合いのできない建前の会議ばかりを行い、結局みんな納得しないまま、書類

とメールで物事を処理しようとします。完全な悪循環経営です。

　強い組織でも、もちろん調整が必要な場合はあります。しかし、そのような組織では、互いに相手のところに足を運んで、本音の話し合いをしますから、簡単に合意がとれていきます。だから生産性も上がり、毎日嫌な思いもしなくてすむので、成果も上がるというように好循環サイクルができあがっています。

　現段階では同じような規模の組織・代理店でも、このように風土の違いによって、生産性にも成果にも明らかな違いが出てきますから、10年後には大きな差が出てしまうことでしょう。なかなか合意形成できない組織や代理店では、仕方なくトップダウンによって一刀両断で意思決定がなされ、社員たちがいやいや物事を進めていくスタイルになります。これではやりがいも生産性も上がらず、持続的かつ卓越した業績はもたらされないのです。

「統合力」のある組織
——向かうべき方向性が明確である

　次に統合力について考えていきましょう。「統合」とは、簡単に言えば一貫性やまとまり、一体化という意味です。「統合」のレベルが高い組織・代理店では、目指していること、向かうべき方向性が誰でもわかるように明確になっています。そうではない組織・代理店では、向かうべき方向性がはっきりしていないので、一人ひとりの行動がバラバラになりがちです。統合力の高い組織・代理店では、全員が、どんなビジョンやストーリーに基づいて会社が営まれているのかがわかり合えています。

　たとえば、「自分たちの代理店が提供する顧客価値は、ユニークなソリューションの提案力だ」、あるいは「顧客との親密性とホスピタリティこそが顧客にとっての価値だと社員全員がわかっていれば、顧客への低価格商品のアピールは、自分たちが追うべき価値ではない」

ということが理解できますが、「スピードも、丁寧さも、親切さも、価格もすべて大事だ」などというのでは、会社としてエネルギーを注ぐべき焦点が定まりません。

　統合力の高い代理店は、行動の優先順位を決めて、全員のエネルギー（限られた経営資源、人、モノ、金など）をその戦略的な優先事項に集中させることができています。独自性も追求しよう、効率ももっと上げよう、顧客との共感と親密性も上げようと、すべてを同時にやれと言われても社員たちは困ってしまいます。なぜなら、これらの項目は矛盾を内包していることも多く、戦略や物事の優先順位を決めておかなければ、現場は動きがとれなくなるからです。

　特に独自性を重視していこうという組織・代理店の場合なら、業界の他社が気づいていないことや、あまりやっていないことにエネルギー・経営資源を傾注することになります。独自性というのは希少性があることを前提としますから、どこでもやっているようなことはある程度のレベルにしておくという割り切りも大切になります。

　また、そもそも自分たちが提案するソリューションは他の代理店ではあまりやっていないユニークなことであるというのならば、そこにつけ加えて接待サービスやホスピタリティを提供する必要はさほどなく、過剰品質になりかねません。

　もちろん優先順位の低い項目が不要だということではありません。また、いくら独自性が高いことであっても、納期が遅れる、価格が著しく高い、ということでは話にもなりません。組織的能力を高めるためには、戦略的な優先順位の高い施策を明確にし、全員がそこに向けて、同じ方向性で仕事ができるようにすることこそがとても大切となるわけです。そして、そのためには組織・代理店としてのものの見方、考え方を揃えていくことがとても大切となります。

　では、ものの見方、考え方の基本について説明していきましょう。

「事実前提」と「価値前提」

　事実から進むべき道を判断することを「事実前提経営」と言います。もっとわかりやすく言うと、売上や利益を目的とする経営のことです。これは社長にとっては意味があっても、社員たちにとっては単なる販売目標と手段でしかありません。

　一方、自分たちがこうありたいというビジョンによって進むべき道を判断することを「価値前提経営」と言います。もちろん客観的な事実から進むべき方向性を判断することは悪いことではありませんし、売上・利益も大切ですが、それは目的ではなく、目指す方向へ行くための手段でしかありません。手段が目的化していては、永続的な組織のまとまりは出てきません。数字は簡単に市場環境に左右されてしまうからです。

　さらに重大な問題は、過去の実績は誰でもわかりますが、将来の事実（売上・利益）は予言者でもない私たちには読めないということです。経営のよりどころとなることの前提が社会環境の変化でころころ変わっていては、持続性の高い安定した強い経営など不可能です。

　また過去の事実はともすれば、不都合な事情のいいわけに使われることも多々あります。「売上100億円を企業目的にしていたが、こういう事情でできない」とか「こういう状態だから、今回はやむを得ない」などと言えば、全員が一所懸命向かっていた方向が突然ころころと変わったり、音を立てて崩れたりします。そして経営者はやらないことを正当化してしまうことになります。

　組織全体が価値ある方向に進むには、いくつかの選択肢のうちから最もみんなにとって望ましいものを選択するという考え方が価値前提であり、自分たちはこのような価値を顧客に提供し続け、社会にとって必要な存在になるというような価値前提からしか、長期的に見た場合、全員の力の結集は生まれないのです。強い組織・代理店になるには、このようなものの見方、考え方の一致が何より重要となるのです。

「部分最適」と「全体最適」

　大企業などではコストパフォーマンスを追求することを「最適化する」と言うことが多いと思います。保険会社のような大きな組織になると部門がたくさんあり、それぞれの部門が最適化を目指しています。ところがそれぞれの部門が勝手に最適化を図ると、組織全体として見た場合、ちぐはぐなことがたくさん発生します。そして、このようにそれぞれの部門が目指す方向性がバラバラになってしまうと、組織力は著しく低下します。

　それに対して、組織全体でのパフォーマンスを最高にするにはどうすべきかと、全部門で考えることが全体最適ということになります。そのためには各部門がそれぞれの方向に走ってしまうと部分最適になりやすいので、最初に組織全体としての目指すべき目的や、方法論を話し合って各部門の仕事の進め方を決めていくことがとても重要になります。

　メーカー・保険会社と比較すれば保険代理店は小さい組織ですから、そもそも部分最適にはなりにくいはずなのに、会社としての方向性やビジョンが不明確なために、各募集人や事務員さんがきわめて非効率に、そしてバラバラに活動し、組織的な成果が上がっていない代理店は本当にたくさんあります。

　昨今は、生保、損保、損害サービスと小さい代理店でも組織分業のようなことを言っている場面に遭遇することが多くなりましたが、そのような組織分業を進めたければ進めたいほど、代理店全体を考える全体最適の思考がとても重要となります。

　さらに、勤務型代理店、委託型代理店もどこかの代理店に所属していながら自分最適に仕事を進めている人もたくさんいます。このような場合も全体最適を優先に考える風土づくりはとても重要になります。

SDGs の本質は全体最適で物事を考えていくこと

　SDGs は、ニューヨーク国連本部において 2015 年 9 月 25 日から 27 日に開催された「国連持続可能な開発サミット」で採択されました。国連加盟 193 か国が、2016 年から 2030 年の 15 年間で達成するために掲げた目標です。そして SDGs は、2000 年に採択された前身である MDGs(ミレニアム開発目標)を継承しています。貧困問題をはじめ、気候変動や生物多様性、エネルギーなど、持続可能な社会をつくるために世界が一致して取り組むべきビジョンや課題が網羅されています。

　以下に示す 17 の目標に保険代理店がすべて直接的にかかわっているわけではありませんが、法人顧客などにおいては、経営計画においてその取り組みを進めている組織もあり、知らないとは言っていられません。さらに 17 の目標は社会活動のすべての要素が見えない糸でつながっており、回り回ってどこかでかかわっていくことになるのです。

〈 SDGs 17 の目標 〉

1：あらゆる場所のあらゆる形態の貧困を終わらせる

2：飢餓を終わらせ、食料安全保障及び栄養改善を実現し、持続可能な農業を促進する

3：あらゆる年齢のすべての人々の健康的な生活を確保し、福祉を促進する

4：すべての人々への包摂的かつ公正な質の高い教育を提供し、生涯学習の機会を促進する

5：ジェンダー平等を達成し、すべての女性及び女児の能力強化を行う

6：すべての人々の水と衛生の利用可能性と持続可能な管理を確保する

7：すべての人々の、安価かつ信頼できる持続可能な近代的エネルギーへのアクセスを確保する

8：包摂的かつ持続可能な経済成長及びすべての人々の完全かつ生産的な雇用と働きがいのある人間らしい雇用(ディーセント・ワーク)を促進する

9：強靱(レジリエント)なインフラ構築、包摂的かつ持続可能な産業化の促進及びイノベーションの推進を図る

10：各国内及び各国間の不平等を是正する

11：包摂的で安全かつ強靱(レジリエント)で持続可能な都市及び人間居住を実現する

12：持続可能な生産消費形態を確保する

13：気候変動及びその影響を軽減するための緊急対策を講じる

14：持続可能な開発のために海洋・海洋資源を保全し、持続可能な形で利用する

15：陸域生態系の保護、回復、持続可能な利用の推進、持続可能な森林の経営、砂漠化への対処、ならびに土地の劣化の阻止・回復及び生物多様性の損失を阻止する

16：持続可能な開発のための平和で包摂的な社会を促進し、すべての人々に司法へのアクセスを提供し、あらゆるレベルにおいて効果的で説明責任のある包摂的な制度を構築する

17：持続可能な開発のための実施手段を強化し、グローバル・パートナーシップを活性化する

そもそも、地球全体の持続的繁栄があってこそ私たちの事業活動は成り立っています。保険会社も、代理店のみなさんも是非一度SDGsに関する勉強をしていただくことが重要だと思います。

　ちなみにSDGsを職場や代理店全員で楽しんで学習できるカードゲーム「2030 SDGs」というものがあります。SDGsの17の目標を達成するために、現在から2030年までの道のりを体験するゲームです。

　さまざまな価値観や違う目標を持つ人がいる世界において、このゲームは「なぜSDGsが私たちの世界に必要なのか」、そして「それがあることによってどんな変化や可能性があるのか」を体験的に理解できます。

　このゲームを通じて実感できることは、たとえば自分のチームだけが短期的には経済的利益目標を達成しても、環境問題など周囲の状況が悪化していくと、回り回ってその経済目標や豊かさが得られなくなっていくということです。全体最適で物事を考えることをしていかなければ、結果として回り回って自分の利益も消失していくということです。

　SDGsという言葉を聞いたことがない人やあまり興味関心がない人でも、ゲームが持つとっつきやすさと面白さで知らず知らずのうちに熱中し、楽しみながら、SDGsの本質を理解することができます。また、法人顧客向けリスクマネジメントセミナーのメニューとしても使えます。

「規則の経営」と「原則の経営」

　マニュアルや規則を定めて、物事をそれに準拠してやっていこうという経営を「規則の経営」と言います。保険代理店においてもある程度の規則やマニュアルは必要ですが、これを守っていれば厳しい時代にも生き残りを図れるというような保証は存在しません。なぜかと言えば、規則やマニュアルに定められた最低限のことだけをやっていれ

ばいいと解釈してしまう人がたくさんいるような組織が、時代の変化、環境の変化に対応しきれるはずがないからです。このような人たちがたくさんいる組織では、規則に書かれていないことはやらなくていい、というような風土が形成されていきます。

「ビューロクラシー（bureaucracy）」と言われる官僚政治、官僚制、あるいは官僚主義は、規則主義、部門主義、階層主義、文書主義、公私分離などのことを指し、マックス・ヴェーバーが官僚制という理論を唱えた150年ほど前からつい最近まで、大きな組織を運営する際には有効な考え方であるとされてきました。

しかし、官僚主義、官僚制には大きな逆作用があります。たとえば、規則やマニュアルに依存してしまい、それ以外のことには対応できないということが典型的な事象です。

昨今、LEDを活用した水耕栽培による大規模野菜工場が急速に増えています。このような工場はビルの中にあったりするので、地面がコンクリートであり、土ではありません。ところが農林水産省は、地面がコンクリートでは農業はできないという理由で、頑なに農地として認めていません。そのため、何倍もの固定資産税がかかってしまうわけです。

私のクライアントでもこのような野菜工場事業に取り組んでいるところがあるのですが、冬に野菜が不作となり価格が高騰した中でも、人工栽培の無農薬レタスなどは安定供給でき、多くのスーパーが取り扱い、お客様もとても助かったのです。このような技術革新や環境変化に官僚主義的思考ではまったく対応不能なのです。

役所仕事ならばこれで許されても、周囲の環境変化に柔軟な対応ができなければ、保険代理店が生き残ることはできません。また、官僚主義ではすべてにおいて、根本的な考え方が前回説明した「事実前提」に基づいており、「価値前提」で物事を考える発想がないので、新たなことは何もしなくていいというような風土の組織になっていってしまいがちなのです。このようなことに起因する部門主義は部分最

適・自分最適を生み出す温床となり、組織能力を著しく弱体化させていきます。

　小さい組織の保険代理店に比べれば、保険会社はこのような官僚主義的風土に陥りやすいと考えられますので、代理店の社長や社員のみなさんが融通の利かない保険会社に文句を言っていることの原因の多くはこのようなことにありそうです。

「コンテンツ思考」ではなく「プロセス思考」

「こんなことをやるべきだ」「あんな商品を提案すべきだ」というようなことを考えることを「コンテンツ思考」と言います。評論家的にこれをやるべきだというようなことばかりが飛び交う、このようなコンテンツ思考の組織風土では、なかなか物事が前に進まないので成果につながりません。

　一方「こうしたいのだが、どうしたらできるようになるのだろうか？」とか、「どのような手順で進めていこうか」ということを考えることを、「プロセス思考」と言います。成果の出る組織と、出ない組織の決定的な違いはこの考え方や風土の違いにあります。

　普通、何かをしようと話し合うときに、そこに参加している人々の心の中には何らかの変化が起きているはずです。「わが社の会議ではこれまで、いくら話し合いをしても、いつもみんなありきたりの評論家的な発言しかしなかったのに、このところの会議では、成果が出てきたように思えるがなぜか？」、あるいは「なかなか成果が出てこないのはなぜか？」、さらに「成功や失敗の原因要因へたどり着くことができてきた」などと、結果からプロセスに遡って感じられるようになってきていれば、プロセス思考ができる組織に変化してきたということになります。

　今、何をやるべきか、ということ(コンテンツ)ばかりに終始するコンテンツ思考の組織の会議は、単に当たり障りのない、当たり前のこ

とを話し合っているにすぎません。総論は決まっても具体論がいっこうに定まらないのです。

対して、プロセス思考の組織では、話し合いをする度に、メンバー同士が意気投合したり、大激論になったり、話が盛り上がったり、動機づけられたり、などというメンタル的な変化が生み出されてくると同時に、どうしたらやりたいことが実現できるか、その道筋（プロセス）を全員で考えることができるようになっているのです。

「できる化」──組織の中から評論家的問題提起をなくし、変革できる体制をつくる

論理的に話し合いを行うという習慣を意識的につくろうとしていない組織や代理店では、何か問題が発生してから開かれる会議や定例の会議でも、メンバーそれぞれが、「これはああすべきだ」「いや、こうすべきだ」「こういうことも必要じゃないか」などと、もっともらしい提案や、あるべき論の対応策の主張が飛び交っています。このような意見や主張の多くは、「今後、みんなでもっと顧客に心を寄せるべきだ」というような程度の抽象的なあるべき論です。

そのような抽象論でとどまっているのであれば、どれも正論なので、誰からも特に強い反対意見が出るわけでもなく、会議は一旦無事に終わります。しかし、このような誰でも言える至極もっともらしい、かつ当たり前の、そして、誰も責任を負わないままの結論でよしとしていては、何も実行されず、なんらプロセスは変わりません。だから次々と同じような問題が発生します。

こうした評論家的な意見ばかりが出るような組織や代理店の会議は、まったく生産性の上がらないままなのです。昨今どこの保険会社でも「働き方変革」という言葉がもてはやされていますが、このような抽象論の会議のようなことばかりが行われている組織では、結局みんなが集まっても無駄な時間を費やすばかりで、余分な労力をかけて、何

も前進しません。

　そもそも大半の人間は、何かコトが起きても、自分がそれを背負って責任を持って取り組もうなどと思いません。誰も面倒なことには関わりたくないので、うかつに本音を言ってしまい、自分にお鉢が回ってこないようにと考えます。だから成果の上がらない多くの組織・代理店の会議では、本音の話し合いがまったくできておらず、前向きの変革ができないのです。このような組織の会議の場合、互いが評論家となり、自分の主張を言い合うだけで、何一つ物事が具体的かつ前向きに決まっていかない状態となります。

　ところが、やっかいなことに具体的で前向きな話し合いができないにもかかわらず、抽象的な対応や問題解決の方向性がそのまま「アクションリスト」になってしまっています。ここで言う「具体的」という言葉の定義は、5W1H、すなわち、「いつから」「いつまでに」「どこで」「何を」「どのようなやり方で」「誰が責任を持って」「どのくらいまでやる」というように、変革の手順が決まっていくことを言います。

　ただ何となく、「あれをこうすべきだ」ということだけが決まってしまい、社長もなんともできず、そのうちみんなが忘れてしまうまでアクションリストに残り続けているようなものは、具体的な行動に結びつくことはありません。

　このような組織における問題点は、何か変革しようとしても、なかなか組織が動かない、なぜうちの代理店では何かしようとしても、誰も動かないのか？　という実態を直視する仕組みがないことにあります。だから5W1Hに沿って合意が取れている具体的なアクションリストがつくられないのです。変革できないプロセスそのものの欠陥にメスを入れず、やるべき論だけ書いたアクションリストをつくっても意味がありません。

　繰り返しになりますが、曖昧なビジョンだけをつくっても、実行責任者も決めず、具体的なロードマップも決めず、アクションプランもなければ、結局組織は何も動き出しません。何より必要なことは「組

織の物事の決め方の現状がどうなっているか」をきちんと棚卸しする
ことが重要だということです。

　あることができていない場合、そのことをできるようにするために
は、代理店の物事の決め方や会議の進め方のプロセスの状態に着目し
なければならないのです。

　そもそも、物事が曖昧のまま、ろくに決まらない組織の場合、きち
んと物事を決定していけるプロセスそのものがありません。あるいは
社長以外の変革を進めるための実行責任者がいません。これでは、い
くら社長が何かを変革しようと思っても、できるわけがありません。

　組織がうまく回る状態とは、いろいろな条件が整う度合いが高まっ
ていることを意味します。それはたとえば、何をするにも責任者が明
確である、どのような仕組みで進めるかが明確である、対応策を実行
するのは誰か、どの程度の時間を費やしてもいいか、などのコンセン
サスが取れていることです。

　変革を実行できない多くの代理店の場合、こうした変革を実行する
のに必要な考え方、論理、仕組みが整っていないことが大きなボトル
ネックになっているのです。

「スキル思考」ではなく「コンピテンシー思考」

　電話のかけ方、パソコンの使い方、接客の仕方などの比較的単純作
業に近いものをスキルと言います。かつてはスキルを、「テクニカル
スキル」「ヒューマンスキル」「コンセプチュアルスキル」(知識や情報
などを体系的に組み合わせ、複雑な事象を概念化することにより、物事の本質を
把握する能力)というように分類していましたが、昨今では、「ヒュー
マンスキル」や「コンセプチュアルスキル」のことは、「コンピテン
シー」と言われるようになりました。

　コンピテンシーとは、「ある職務や役割において優秀な成果を発揮
する行動特性」のことを指します。スキルとして人間の行動特性を考

えていた時代には、保険会社のトレーニングなどでは、アプローチからクロージングまでのセールスの手順を教えるような教育内容が中心でしたが、今日では、「どこまで顧客の問題を掘り下げることができるのか」という能力をどのように高めていくか、ということに焦点が移っています。

　スキルが重視される時代には、愛想がいい、挨拶がいい、声が大きいなどというようなことが評価されましたが、コンピテンシーに焦点が当てられている昨今では、「どのくらい顧客の立場に立って、論理的に物事を考え、提案を組み立てて考えられるか」というようなことが重要なポイントになっているのです。

　以前は、「ウチの社員はどうせ考えない」「社員に余計なことを考えさせるとろくなことはない」というようなことを社長や幹部が話していることがよくありましたが、コンピテンシー思考が求められる時代には、このような話題が出るような組織は「時代遅れ」そのものなのだと認識しなければなりません。

　つまり、そのような組織では、社員に考えさせる、思考を深めさせる教育をしていないし、そういう話し合いの場も設けていないということを意味しているからです。

　たとえば、朝礼などにおいて、単に大声でスローガンを唱和しているだけの会社があります。それは悪いことではないのですが、そういうことだけに終始している会社では、なかなか社員の思考能力が高まることはありません。大声を出すことは健康的ではありますが、思考能力の向上には結びつきません。

　また、精神論や根性論の講演や講義をよくやっている会社があります。そのような話を聴講することは、楽しいし、元気も出たりします。しかし、論理的な思考力向上には結びつかないどころか、このようなことばかり好きな幹部がいる会社では、論理的な思考力は否定され、組織能力はマイナスにさえなってしまうことも多々あります。

　考えるということは、「こうあるべき」ではなく、5W1Hに分解し

て手順を「どうして組み立てていくか」なので、根性論や精神論ばかりをいくら聞いても、論理的に物事を組み立てる力はついていきません。

　論理的に考える能力は、論理的に考える教育を体系的に進めていくしかないのです。経営そのものを論理的かつ体系的に考えようというときにこそ役に立つ考え方が、経営品質のアセスメント基準なのです。

　保険業界でも、すでにこのような体系に沿った経営革新を進めている組織はたくさんあり、継続的かつ定期的に取り組んでいる組織の成果は確実に上がっているのです。

独自能力がより重要視されるようになる

　他の組織や代理店がやっている「いいこと」を寄せ集めれば「いい経営」ができるわけではありません。他社と差別化するためには主に、

　①商品の企画開発力強化
　②業務を効率良く行うオペレーション・システムの強化
　③顧客と親密な関係を築き上げるリレーションの強化

の３つの分野で独自性を出す必要があります。

　もちろん、すべての仕組みが必要なわけではなく、これらの３つのうち、１つだけに焦点を絞っている会社もあれば、２つを組み合わせて強みを出している会社、３つの分野の仕組みすべてを高いレベルでやっている会社も存在しています。

　経営革新を行う際に独自性を出していくうえで重要なことは、この３つの仕組みのいずれかをコアシステムとして強化していくことです。「コア」、すなわち核となる自社の独自能力を設定していかないと、経営革新の方向性が不明確となり、他社と差別化ができません。市場が拡大していた時期は、他社と同じことを、そこそこやっていればな

んとかやってこられたわけですが、特にマーケットが縮小していく今後の市場環境においては、この強みの明確化がとても重要となります。

　また、経営資源に限りのある保険代理店などの小さな組織では、独自性のある提案力を高めるのか、事務処理などのオペレーションの正確性や効率を上げていくのか、顧客へのホスピタリティを磨き上げていくのかのいずれかに経営資源を集中させていかなければ、代理店経営の効率は悪化するばかりです。

　なかなか成果が出ない代理店や効果の上がらない代理店の経営を調べてみると、以上のようなコアを明確にしないままに、社長の思いつきで、あれもこれもと取り組んだり、他の代理店の取り組みをただ真似したりしていることがよくあります。

　同じことは経営手法の採用についても言えます。3つのコアとなる仕組みのどれにでも活用できるような手法もありますが、やはり、3つの強みごとに、特定の有効な仕組みがあります。このようなことを知らずに、いたずらにあれもこれもと、他代理店の仕組みを取り入れていても経営資源の無駄使いにつながります。また、別にやっていることとの効果が相殺されてしまい、極端な場合は、他の代理店ではいいことであっても、自社では障害となってしまうことさえあります。

　次節では、この3つのコアとなる分野の仕組みやスタイルの特徴を、少し分けて整理してみたいと思います。みなさんがどのようなスタイルの組織になりたいかによって、取り組むべき仕組みづくりは変わっていきます。

商品やサービスの独自性で
価値を出していく企業を目指す

　商品やサービスの独自性で価値を出していく企業の特徴は、圧倒的な商品開発力で他社と差別化しているということです。こういう企業の基本的な経営姿勢は、新製品や新サービスのコンセプト自体が価値

ですから、その価値を生み出すための場づくり、雰囲気づくりに戦略の中心を置いています。

特に、このような強みを目指す代理店の場合は、社員がクリエイティブで、アイデアを競い合うように促す創発志向のリーダーシップが求められます。注意すべきは、トップダウンで誘導するのではなく、ボトムアップのエンパワーメントスタイルでなければ創造性は生み出されません。

さらに、このようなスタイルの会社では、独自性の高い商品やサービスが生み出される創発の仕組みそのものが、業界内の多くの代理店にも役立つことが多く、そのような仕組みづくりのプロセスを、オープンにすることが社会や業界に貢献することにもつながります。

戦略的には、ユニークで魅力的な製品やサービスを開発することが戦略の核となりますから、「人・モノ・金」などの経営資源の配分も、個々の創発が生み出されるプロセスづくりに向けられなければならず、創発の風土づくりそのものが、最重要な戦略課題となります。

加えて、さらにそこから生み出される製品・サービスには、「希少性」や「模倣困難性」が最重要課題として求められます。この「希少性」「模倣困難性」ということの考え方は、オーソドックスな経営学の考え方である VRIO 分析から出てきているものです。ここで VRIO という考え方について説明します。

VRIO 分析を知る

このフレームワークは、「Value（経済価値）」「Rarity[Rareness]（希少性）」「Imitability（模倣可能性または模倣困難性）」「Organization（組織）」の4つに区分されており、その区分ごとに分析をすることで、企業の経営資源が競争優位性をどれだけ持っているのかを把握しようというものです。

1. 経済価値(Value)

　企業の有する経営資源が「顧客・社会にとって価値がある」とみなされているかを分析する要素です。外部環境からの脅威や、市場への進出機会を考える際に重要なファクターとなります。保険代理店に置き換えると、自社が提供しているサービスは、代理店の都合ではなく顧客にとって価値があるものになっているかどうかを常に考えるということがとても重要となります。

2. 希少性(Rarity [Rareness])

　他社が持っていない独自性を分析する要素です。希少性があれば、他社に顧客を取られることは防げますし、他社との競争上大きなメリットとなります。保険代理店はこれまで保険会社から言われるがまま、金太郎飴のように同じことをやってきました。しかし、これでは希少性は出せません。

　そんな中でも 2017 年度日本経営品質賞受賞のトップ保険サービスには希少性の高い商品やサービスがたくさんあります。たとえば主力の法人大企業向けに開発した独自の福利厚生施策や、海外の顧客にも行っているリスクマネジメントセミナーなどが、これに当てはまります。

3. 模倣困難性(Imitability)

　いくら希少性があっても、他社が模倣困難な商品・サービスでなければ、すぐ真似されてしまいます。模倣が難しい希少性があれば、競争優位性を長期間維持することが可能となります。すなわち利益の源泉となります。トップ保険サービスであれば、20 年という時間をかけて、損害保険の収入保険料に占める自動車保険の比率を 20% 台(生命保険は計算に入れずに)までに落としてきました(図表4)。もちろん自動車保険の件数も収保を減らしていません。このようなことはどの代理店もやらなくてはならないと思っていても、「ほとんどの代理店が真

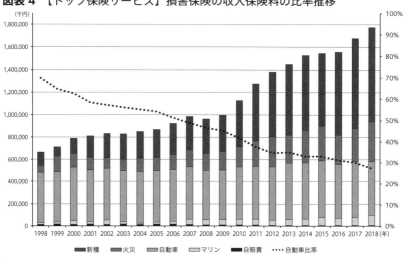

図表4 【トップ保険サービス】損害保険の収入保険料の比率推移

似できないこと＝模倣困難性」となっています。

　模倣困難性を確保するには、主に以下の4点がポイントとなります。

①歴史性

　経営資源が、企業独自の歴史的要因で成り立っているかどうかです。過去からのできごとや発展経路に依存している事象を「経路依存」と呼びますが、わかりやすく言えば、時間をかけて培った看板や伝統はなかなか真似できないということです。前述のトップ保険サービスが20年という時間をかけて自動車保険の比率を大幅に下げるまでの時間そのものが壁となるため、後発他社は追随できず、だからこそ真似できないということです。

②因果の曖昧さ（ブラックボックス化）

　ビジネスモデルがどのような仕組みでできているのかが他社からはよくわからないということを指します。すなわちなぜ強いのか、その要因がよくわからないということです。商品やシステムや立地がいいから強いということがわかっているのなら他社は真似できますが、な

ぜ強いかわからない場合が一番やっかいで、だからこそ競争優位性があるということです。

③社会・政治などによる複雑性

ビジネスモデルが、自社の経営資源の組み合わせのみならず、社会的な要因や背後の政治力などによって存在しているかどうかを指します。近年であれば、IoT のインフラを押さえている NTT のような通信基盤会社や、インターネットにおけるグーグルなど、国策会社だったり、社会インフラとして確立されてしまっている場合、簡単には他社が同じようにはできないという複雑性が模倣困難性を生み出します。

④特許などによる制約

文字どおり、特許などの知的財産の有無です。他社が利用しようとする場合には特許使用料が必要となるため、コスト面で大きな模倣困難性が生じます。

4. 組織(Organization)

希少性が高く模倣困難性のあるビジネスモデルであっても、それを有効に活用できる組織があるかどうかです。いくつかの要素が整っていたとしても、それらが有機的に結びついていない限り、十分な優位性を発揮することはできません。トップ保険サービスの場合、PDCAのPから全員で考え、パートさんまで含めて全員参画で、経営品質を高めるための戦略会議を何年も続けてきた組織の存在が決め手になっているのです。

VRIO 分析は、基本的には、「経済価値→希少性→模倣困難性→組織」の順に行います。

自社を分析し、最も競争力が優位な状態に保つためには、上記4つの要素を、じっくり時間をかけて揃えていくことが大切です。現在私が全国の保険会社および代理店向けの経営品質カンファレンスで行っていることの多くは、この VRIO 分析に基づく戦略策定会議です。

その時、それぞれの要素ごとに代理店の社員全員で、自社の競合環境と将来の希少性・模倣困難性をどのようにつくって行くべきかを、何回も何回も繰り返し考えることが何より重要となります。

　VRIO分析を使って自社の経営資源が保有しているプラスの部分を認識し、また不足している資源を把握し改善を図ります。このようにして自社の内部を分析し改善することで市場における競合優位性を高めるフレームワークとしてVRIO分析を有効に利用することができます。

　ソニーや任天堂などが創発で差別化するタイプの会社ですが、このスタイルを永続させることはとても困難なことはみなさんもよくご存じのことと思います。ちなみに、このタイプの組織は、ほとんどの保険代理店には当てはまりません。なぜならば商品はメーカーである保険会社が開発し、同じ商品を他の代理店も販売できるからです。それだけに、独自の商品開発ができたり、サービスの開発ができたりする代理店を他社は真似できないのです。トップ保険サービスはこの点での独自性がきわめて高いと言えます。

「業務の卓越性」で差別化を図りたい組織や代理店のとるべき方向性

　商品やサービスの企画・開発から、生産・販売・アフターサービスまでの流れ、すなわち一連の業務プロセスのことを「オペレーション」と言います。この流れをスムーズにしたり、より正確にしたり、よりスピーディにしたりすることで顧客価値を生み出し、他社に圧倒的な差別化を図ろうとするタイプの組織をオペレーション・システム型の会社と言います。

　このような会社や代理店の特徴やイメージは、以下のようになります。

【組織の方向性の示し方】

　差別化の決め手として業務改革を最優先課題とするのであれば、前提として、一人ひとりの社員が合理的、論理的な思考プロセスを持たなければ、永続的に優れたオペレーションを提供することはできません。したがって、営業だけ、事務だけでなく、組織全員で、合理的かつ論理的なプロセスで物事を考えるような動機づけや風土づくりが優先されなければなりません。社員が論理的な考え(ロジカルシンキング)を身につけるためには、何より社長や上司が、部下たちに有無を言わせず物事を判断したり断定したりしてはなりません。

　私がたくさんのクライアントや保険代理店とつき合ってきたこれまでの経験からしても、社長の断定が著しく論理性を欠いていることが多い場面にたくさん出会ってきました。そこには納得できる論理性がないのですから、社長や上司が、いちいちこうだと決めつけてしまえば、「どう考えたらいいか」という思考など、社員が持つようになるはずがありません。

　業務の効率化を図りたければ図りたいほど、社員たちが自分たちで、合理的かつ論理的に物事を考える習慣を身につけていかなければならないのに、社長の一刀両断の一言は、たしかに意思決定のスピードを速め、一見すると業務が効率的に進むように見えますが、それが長い目で見ると、業務改善のスピードアップを進めるうえでの第一歩を消してしまっているのです。

　したがって、社長やリーダーは正しい答えを素早く教えることが組織を効率化させていくのではなく、考えさせる、意味のある「問いかけ」を徹底することを習慣化していかなければ、卓越したオペレーションにますます磨きをかけていくことはできないと考えた方がいいでしょう。

【戦略、経営資源投入のポイント】

　オペレーション・システム型組織は、たゆまぬ業務改革・改善によ

って、業務の正確性、スピードの向上が他社に差別化する最大の要因となります。それゆえ戦略策定にあたっては、業務改善を高めるためのシステム投資や改善活動への人的時間的配分がとても重要となります。

　トヨタ自動車をイメージしてもらうとわかりやすいと思いますが、持続的な改善活動による卓越した業務改革プロセスそのものが、他社に対する圧倒的差別化のポイントとなるのです。

【組織能力を高める】
　組織能力を高めるには合理的、論理的思考能力を全員に習得させることが重要となります。そのためには、すでに先述した「コンテンツ思考」ではなく「プロセス思考」を優先した、対話プロセスの構築が組織能力を高めるための鍵となります。ここで言う「対話能力」とは、ディスカッション（討議）やディベート（討論）の能力ではなく、ダイアローグ（意見を傾聴し合う対話）での話し合いのプロセスのことで、これこそが不可欠です。その際、現状の業務のボトルネックを解消することや間違いやミスをなくすためには、問題の性質や状況を認識する能力が重要となります。

　しかし、多くの組織や代理店において正確な問題認識を阻害する要因として、ディスカウント（物事を軽視する）という、組織的、心理的な障害がよく見られます。

　多くの組織においては、このディスカウントそのものが問題になっています。

　ディスカウントには、「存在軽視」「意味軽視」「可能性軽視」「能力軽視」というものがあります。それぞれをわかりやすい言葉に置き換えてみると、

　・存在軽視は「その程度のことは問題ない」
　・意味軽視は「たいしたことない」

・可能性軽視は「そんなの無理だよ」

・能力軽視は「しょせん難しい」

という言葉で説明することができます。

　今、みなさんの組織や代理店でこのような言葉が飛び交っていませんか？　もし頻繁にこんな会話がなされている状態の組織ならば、決してオペレーション能力は高まらないのです。

顧客との親密性で差別化を図る組織の特徴

　顧客と良好で親密な関係を築くことを「カスタマー・インティマシー」、あるいは「カスタマー・リレーション」と言います。顧客との親密性を高めるということは、自社の商品やブランド、社名を知ってもらうようにすることからはじめ、自社に対して高いロイヤルティを持ってもらうようになることを目的とします。

　なぜならば、高いロイヤルティを持つ顧客は、商品力や価格を飛び越えて、再購入・再利用率は高まり、新規顧客の紹介や、自社の推奨などをしてくれるというように、顧客があたかも自社の営業マンのようになってくれるという大きなメリットがあるからです。この柱を核として持続的に卓越した業績を挙げ続けていくためには、以下のポイントを押さえておくことが必要となります。

　通常、代理店の社員が顧客と接触する機会はおおむね更新時などしかないわけですが、創業社長やベテラン募集人と顧客のつながりは、これを超えたものがあります。しかし、代理店の永続性ということを考えた場合、社長や高齢のベテラン募集人ほどの顧客との親密性は他の社員たちにはなく、特に社長レベルの関係づくりを指導しようとしても、簡単になんとかなるようなものでもありません。

　そこで、顧客の親密性をどうすれば代替わりしても継承していけるかが、この親密性で差別化していこうとするタイプの組織や代理店に

とってはとても重要な成功要因となります。この継続性の重要性に気づいていない、あるいはどうしたらいいかがわからない組織や代理店も本当にたくさんあります。本気で親密性を高めることを考えていないので、知らず知らずのうちに顧客との関係性が薄れ、自社の強みが失われ、人との親密性とは無縁の通販などに取って代わられているのです。

　今後の生き残りを考える際に、まずは商品で差別化を図るのか、オペレーション能力で差別化を図るのか、これまで通り顧客との親密性で差別化を図るのか、あるいは、それをどう組み合わせるのかという、代理店としての戦略の方向性を明確にしなければなりません。このような将来の方向性は、特に次世代を担う社員たちが自分のこととして考える必要があります。

　彼らの意見も踏まえたうえで、顧客との親密性を維持することこそが生き残りのポイントなのだということで合意ができたのならば、世代をまたぐ効果的な顧客対応をすることを可能にするためにも、組織的に顧客との親密性を高めるために、最優先で、人、モノ、金という経営資源を投入していくことが必要となります。しかし、将来の戦略を考えるのは社長で、第一線社員たちは上の命令にしたがって作業するという古いスタイルのリーダーシップモデルの組織・代理店では、このような戦略の合意形成ができていないので、顧客との関係性は少しずつ弱くなっていき、徐々に強みを失っていくことになります。

　これまで説明したように、顧客との強いリレーションシップが戦略の軸だと言うのならば、これを実現するには、同業他社、他の代理店を圧倒するレベルの独特な親密さの形成が必要となります。

　この場合、この代理店の社員たちは「気が利く」「気が回る」「気配りできる」「機転が利く」などと思ってもらえるようなことが顧客価値となります。これを誰でもが実践できるように徹底することができていれば、経路依存性が強みとなっている状態にたどり着きます。

保険代理店が生き残る秘訣
——変革を阻害する要因「経路依存性」

経路依存性（Path dependence）とは、「あらゆる状況において、人や組織がとる決断は、（過去の状況と現在の状況は現段階ではまったく無関係であったとしても）過去にその人や組織が選択した決断によって制約を受ける」という理論です。この理論に基づいて、保険代理店が旧態依然としたままの経営をしていながら、居酒屋やレストランのように簡単に淘汰されないのはなぜかを考えてみましょう。

そこで、なかなか変わらない組織風土の変革を実践するためにどのようにすべきかについて、リーダーや社員全員が知っておかなければならない、目に見えない「経路依存性」という概念について説明します。

経路依存性を説明する事例としてよく使われるのが、パソコンのキーボードの例です。現在のパソコンのキーボードの配列の主流はQWERTY 配列と呼ばれるものです。このほかにアイウエオ順など、もっと合理的で洗練された配列もあるのですが、ほとんどの人たちはこの従来の配列のキーボードを使用しています。これはいったいなぜなのでしょうか。

それは、人は最初に普及したこの配列に馴染んでしまったら他の配列をイチから覚えることは面倒なので、それほど合理的とも思えないQWERTY 配列が現在も使い続けられている、ということなのです。

キーボードの配列に代表されるように、何かに一度馴染んでしまった人々は、それ以外のやり方に変えようとしません。このようなことを「自己強化メカニズム」と呼びます。自己強化メカニズムが働き、そして経路が一度確定してしまうと、それを変えるのは非常に難しいわけです。そしてその経路依存性そのものが、自己強化メカニズムによってさらに強固になっていくわけです。従来のやり方を変えられないで悶々としている保険代理店において、必ず見られるのが、悪い自己強化メカニズムです。

一方、顧客に視点を移してみると、この経路依存性こそが保険代理店が生き残れる１つの重要な要素となっていることがわかります。一度でも、どこかの代理店で自動車保険や火災保険に入ると、面倒だから更新の際に他の保険会社や代理店、他の募集人に乗り換えることをしないというロジックです。

加えて、「ロックイン効果」と「スイッチングコスト」という考え方もあります。ロックイン効果は、経路依存性と同様に解釈される経済学の用語です。たとえばスマートフォンは、故障した、破損したなどという差し迫った状況にならないと多くの人は面倒くさくて買い換えようなどとは思いません。それは、データや画像、連絡先などを新しいスマートフォンに移行するのも面倒だし、使い方が違うのも嫌だし、アプリも新しくインストールしなおさなければならないのが手間だからです。

つまり顧客は、本能的に慣れ親しんだものを使用し続ける性質があります。新しいスマートフォンにしても毎月の支払いはほとんど同じなのにもかかわらず、そして機能がはるかに良いとわかっていても、古いスマートフォンを使い続けてしまいます。このようなことをロックイン効果と呼び、「自由市場、自由競争などという、合理的市場や競争は存在しないのではないか」ということを説く経済学の考え方です。

今日のような自由市場において、経済学者が想定する「合理的顧客」は、情報を知り、そして合理的に機能や値段がいいもの、安いものを選択する"はず"なのですが、そんなことは現実的には人間の本性からは、なかなか起こらないのだということを説明しているのが、ロックイン効果や経路依存性なのです。

また「スマホを新しいものに変える時間や手間」そのものをスイッチングコストと言います。ロックイン効果を別のわかりやすい事例で紹介すると、イギリスのEUからの離脱や、NAFTA、TPPなどもロックイン効果とスイッチングコストが時間の経過とともに強くなっ

ていくことを示すわかりやすい事例と言えるでしょう。

悪い経路依存性から脱却する

　では、保険代理店において、悪い経路依存性から脱却するための上手な方法や戦略はあるのでしょうか。「経路依存性」や「ロックイン効果」とは、要するに「慣れ」や「慣習的なもの」であり、顧客は従来の商品が悪いとは思っていません。あるいはもっと良い商品があるとわかっていても、なかなかスイッチングをしません。

　一方、保険代理店の社長、募集人や事務員さんたちも、知らず知らずのうちに、そのように顧客の動きにあぐらをかき、顧客の意向も把握せず、きちんとした説明もせず、自動更新や更改に救われています。しかし、迫り来る急激な人口減少と自動車市場の変化の中においては、この「習慣性＝経路依存症」に頼る営業活動は、改めて転換していかなければなりません。

　では、効果的な方法はあるのでしょうか？　1つは、経営や営業に使用する情報システムを変えてしまうことです。しかし、これも良いとわかっていてもなかなか変えようとしない人が多いのも事実です。つまり、残念ながら普通に考えて、悪い癖を直す特効薬はないのです。新たなビジョンや戦略、そしてあるべき顧客対応のあり方などを示し続け、言い続け、広め続けるほかに方法はありません。そもそもの壁は合理性や論理性ではないのです。

　代理店統合の際に、合流した代理店や募集人さんが戸惑うのはこの点で、良いとわかっていても、従来のやり方を変えることはなかなかできないものなのです。また、他社からの移行をお願いしたり、新規商品を契約いただく顧客に対しては、経路依存性やロックイン効果からの脱却を説き続けなければなりません。これが保険代理店の仕事そのものとなります。

　一人でも多くの顧客に、リスクマネジメントの重要性を伝え、耳を

傾けていただき、そしてその顧客がまたどこかの顧客にその重要性を発信していただくという、良い「経路依存性」をつくり続けなければ、保険代理店の体質転換は夢のまた夢です。顧客も社員も「わかっていても変えられない」状態にいるのです。代理店の全員が少しずつでも「言い続ける、やり続ける」以外に悪い経路依存性から脱却する方法はありません。

　変革を成し遂げてきた代理店の共通点は、まさしくこのようなことをあきらめなかったということなのです。要は、社員一人ひとりが「気が利く」「気が回る」「気配りできる」「機転が利く」と言われたり、思われたりしないと、気持ち悪く感じるような組織風土になっている状態にたどり着くということです。これを組織能力として考えれば、顧客との共感性を高めることや、顧客の意向に対しての積極的傾聴能力を高めることこそが最重要課題なのです。

　これは、他社の社員では気づかないような顧客の心配や懸念に気づき、安心させる働きかけをすることができる、というたぐいの能力です。従来の手順的なテクニカルスキルの教育をやっていても身につきません。2016年の業法改正で金融庁より指導を受けた、保険代理店による顧客の意向把握の困難性はここにあります。顧客の意向を把握できる能力というのは前述した、ものの見方や感じ方に起因するコンピテンシー能力なので、マニュアル学習だけではどうにもなりません。

　そのためには場数を踏むことや、顧客の動向を洞察するといった体験学習を積み重ねることが必要となります。だからこそ、新人であっても、社長の顧客の契約更改を任せてみるなど場数を踏ませることは重要となるのです。コンピテンシー能力とは、言葉で教えても習得できるものではなく、こういう経験を通じて少しずつしか向上しないものだからです。

　それでは、コンピテンシー能力を具体的に高めるにはどうしたらいいかと言うと、接客やサービス提供の際に、高いホスピタリティ価値を提供できているのかどうかを把握してみることです。この積み重ね

が大きな効果をもたらします。

　たとえば、顧客にサービスしている場面をビデオに撮るなどしておいて、顧客の意向把握ができているかどうかという視点で、互いに観察し合ったり、相互評価したり、振り返りによる自己評価をしたりすることなどがとても効果的となります。

　さらに、顧客との対話を通じた「共感性」の向上はとても大事なのですが、その際に顧客のパーソナリティ・タイプを無視することはできません。つまり重要なのは、顧客タイプ別に柔軟な対応ができるかどうかです。商売のうまい人、成果が上がる代理店はこのタイプ別の対応能力が極めて高く、一律の対応をマニュアル的に行っているわけではないのです。この点については、ＴＡ（心の交流分析）という考え方がとても役に立ちます。

　さて、マニュアル的に顧客に対応したり、サービスを提供したりすることと、ホスピタリティの高い対応能力とはどう異なるのでしょうか？　残念ながらホスピタリティ能力を簡単に高めることのできる特効薬などありません。ホスピタリティマインドを、コンピテンシー能力の低い人に一度で気づくようにもって行くことは、きわめて困難です。しかし一方で、体験を繰り返さないかぎり、決してコンピテンシー能力は向上しません。

　また、顧客や他者の気持ちを感じ取る、対人コンピテンシー能力には属人的な差があります。それを放置したままではバラツキが大きくなってしまいます。バラツキが大きく放置されたままの組織や代理店は本当にたくさんあります。だからこそ、このバラツキをなくしていくことが差別化の大きなポイントになるのですが、コンピテンシー能力は上司による指導で高まることは少ないので、社員自身の感性を高める体験学習と自分たち自身による振り返りの気づきが欠かせないのです。

　ちなみに、顧客との親密性を高めるうえで意外と重要なことに、社

会貢献活動などがあります。社会貢献活動を通じて、顧客との共感性が高まり、お客様がそのような活動から組織や代理店全体に親近感を抱いてくれることも多々あるということをつけ加えておきます。これは、SDGsで求められるポイントと合致します。本当に顧客との親密性で差別化しようと考えている組織や代理店には、ここで説明したようなことが求められ、商品、サービスでの差別化、オペレーション能力での差別化という視点と比べて、実は、これこそが大変高度な戦略なのだということを認識しなければならないのです。

オフィストゥーワン

経営品質からすべてははじまった

株式会社オフィストゥーワン　代表取締役　芳賀孝之

　1989年4月に保険会社より独立し、保険代理店を開業しました。景気もいい時代で何かに取り組まなくても業績は右肩上がりでした。毎年立てる目標は達成してもしなくても、たいして検証もせずにまた適当な目標を立てて1年がはじまる、その繰り返しでした。

　開業から減収することなく迎えた2003年度末、保険会社の担当者から「過去最高の増収です。おめでとうございます」と言われましたが、そこには喜びや達成感が全くありませんでした。それは当たり前で、掲げた目標が数値目標のみで具体的な行動目標がなかったためでした。

　2004年4月、達成感を味わいたい、そしてきちんとした会社にしようと一念発起して経営者になることを決意しました。そこで最初に取り組んだことは、経営理念を変えることでした。私はどちらかというと適当な代理店主でしたが、ただ1つだけ貫いてきたことは、お客様の相談相手に選ばれようと懸命に関係構築を図ったことでした。

　お客様の抱えている問題に当事者意識で解決のお手伝いをすることで保険以外でもつながっていかないと、先輩代理店に勝つことは難しい、すなわち成功はないと思い、このことを経営理念「Solution」に織り込むことを決めました。この経営理念を key word に経営計画書を作成し、弊社社員、保険会社の社員に発表し、明確な行動目標を掲

げるようにしたところ、それを境に、経営計画書の実践に本気で取り組み、数値目標も達成できるようにもなりました。

しかし、まだ依然として想いを込めた経営理念が自分一人の中にただあるだけになってしまっていました。行動、数値目標の達成がうまくできていたので、組織としては経営理念を軽んじてしまい、それを浸透させることに積極的になっていなかったということです。

ちょうどその頃（2009年）、東京海上日動火災保険が主催する「経営品質カンファレンス」（講師は望月広愛氏）を受講させていただくことになりました。経営コンサルタントの講義は、それまで何回も受講してきましたが、心に響くものが何もなく、その時もあまり期待せずに受講しました。しかし望月先生の考えや今までの経験、このカンファレンスの目的に感銘を受けました。特にその中で経営理念の大切さに衝撃を受け、今までの会社経営のあり方が間違っていたかもしれないなと感じました。

そして、このカンファレンスで気づいたこと1つひとつにチャレンジする毎日がはじまりました。まずは経営理念を社員一人ひとりにきちんと正確に浸透させることからはじめ、試行錯誤の結果、毎週のミーティングで、全員がお客様にどのような経営理念Solutionを遂行したかを発表することにしました。お客様から相談された課題をどのように解決したか全員が発表することで一人ひとりの経験値を上げることができました。

さらに営業日報を一新して通常の業務報告以外にSolution欄を設け、お客様の問題と解決「Solution」を日報に書くようにしました。その日報は全員に回覧することとしたことで、Solutionの実践に基づく経験値を上げることができました。

このようなことを継続していくうちに、社員たちがクライアント企業様から、労働問題や債権問題などの深刻な問題を相談されるようになり、それを一人ひとりが当事者意識を持って解決のお手伝いをすることで、お客様からの信頼が高まっていきました。そして、ますます

お客様のお役に立ちたいという想いから、名刺、会社案内、ホームページ、封筒そして季刊誌などあらゆるもので経営理念を伝えるようにしました。

またこのようなことをコツコツと継続してきたことで、保険会社による代理店認定制度では、トップクオリティ代理店として最高位を獲得できましたが、別段、その認定を取得するために、その基準に合わせることをしたのではなく、このカンファレンスで学んだことを実践していたことが、結果的に、保険会社が求めるレベルに達していたということでした。

2011年の中期経営計画では積極的に人員を採用するということを明確にしました。これまでは、理念が浸透していないことで、人の数だけばらばらの方向性を向いてしまうのではと考えて積極的な採用は控えていましたが、ようやく理念が浸透してまとまり感ができてきたので、弊社の経営理念に共感してくれた人材のみを採用するようにしてみました。

入社してくれた人財の中には、オフィストゥーワンでSolutionの仕事がしたいと、自分の経営していた代理店を清算して入ってくれた方もいましたし、経営理念があるからその理念に共感する人が集まってくれるので、また安心して採用できるという好循環サイクルが回りはじめるようになりました。

一人でも多くのお客様にご満足いただけるように、増員した社員を適材適所に配置し、役割分担をすることで個人の能力が発揮でき、それらが結集されたチームは2011年度の中期経営計画に描かれたとおりのチームとなり、結果として売上の向上につながっていきました。

これも経営理念で社員が同じ方向を向いている人財の集団だからこそできたことだというのは間違いないと思います。昨今では、皆が共感できる経営理念がなければ、たとえ目標達成ができたとしても、その達成の道のりはそれぞればらばらに動いた結果でしかなく、そんな状態では、もはや組織とは言えないのではないかとまで思うようにな

りました。

　2016年に策定した中期経営計画で、ついに新卒採用することを決めました。しかし当時のスタイルのままでは不可能なことだと判断し、現状をパソコンに置き換えて考えてみました。OSを経営理念、ビジョン、ソフトを社員そしてハードを会社（立地、事務所内部、建物）と位置づけました。

　いいソフトを動かそうと思えば、最新のOSが必要であり、いいソフトを導入しようと思えば、最新のOSそして利便性のいい、かっこいいハードが必要だということです。

　実際、これからいざ新卒社員を採用しようとしたとき、OSだけでは当社の良さが伝わらないのでは考え、ハード（事務所）を主要駅前に移転し、内装も経営理念Solutionにマッチしたものにした結果、新卒1名を採用することができました。

　同時に大規模な組織再編にも取り組みました。個々が責任を持って参画できる強いチームをつくることを目的に、今までよりも少人数の3つの営業グループを編成することにしました。すると確かにチーム力は向上するという成果が見られましたが、それよりも特筆すべきは、各グループ内でいろんな対話が積極的になされる風土ができました。仕事のことだけでなくプライベートの相談もグループ内でしているような状態に変化してきたのです。

　加えて、東京海上日動火災大阪北支店主催で2ラウンド目となる「経営品質カンファレンス」（講師は望月広愛氏）が開催されることとなり、再び全員で受講しました。望月先生には「7年間、経営品質に取り組んできたことの検証のため全員で受講します」と告げました。驚くことに、前回のカンファレンスで取り組んできたことの意味や必要性などが参加社員にどんどん落ちていくのがわかりました。

　受講中、社員の提案で、経営理念を遂行するための我々の想いを形にしようということになり、全員がその想いを1つひとつ付箋に書きホワイトボードに貼り出すようにしました。そうして「想い」を全員

で検討し、その中から満場一致で３つの「想い」が決まり、名刺に経営理念とソリューションプランナーの想いを載せることにしてお客様に必ず見てもらうようにしました。

　心の中に共感・共鳴できる経営理念Solutionを持った社員は、お客様から感謝される喜びを感じるようになっていきました。するともっと「ありがとう」をいただきたいと、私や幹部社員、その事案で専門性の高い社員に自発的に同行を求め、お客様の問題解決をしようという「想い」が強くなっていきました。

　こうして、ただ淡々と当たり前のように仕事に取り組むのではなく、お客様の期待を越える仕事をしようとすることで「ご苦労様」ではなく本当の意味の「ありがとう」をいただけるようになるのだと、全員がそう思うようになりました。

　2017年、金融庁の一斉ヒアリングを受けることになり、担当官3名の前で、弊社がお客様本位で行動している取り組みの実態を丹念にいろいろな資料を見せながら説明させていただきました。すると後日、ベストプラクティスということで、本庁の追加ヒアリングに全国で5社のうちの1社に選ばれました。

　いろんな意見交換をさせていただく中で、経営理念であるSolutionを実践することこそが我々の仕事であると強調したとき、担当官から「貴社の仕事は保険を売ることではないのですか」と問われました。私は自信を持って「我々の仕事はお客様の抱えている問題を解決することです。保険はその解決手段の1つです」と回答しました。すると、「正にお客様本位ということですね」と絶賛のお言葉をいただきました。

　「経営品質カンファレンス」で経営理念の大切さを学ばせていただき、試行錯誤して実践することで確実に組織力が向上し、お客様にご満足いただけることで競争優位性を保つことができていますが、社会貢献の重要性も学ばせていただいたことで、日本乳がんピンクリボン運動を展開しているJ.POSH様のオフィシャルサポーターとして「チャリ

ティーゴルフ大会」やグッズ購入、寄付など微力ながら貢献させていただくようになりました。またバスケットボールを通してチャリティー、福祉などの地域貢献をしているプロバスケットボールチーム「大阪エヴェッサ」に共感して、スポンサーとして応援させていただいております。

　経営品質に出会い、ようやく会社らしい会社になってきました。感謝。まだまだこれからですが、これからもお客様のために永遠にすばらしい会社を継続できるように改革していきたいと思います。

第4章

イノベーションサイクル
8つのポイント

1. イノベーションを生み出す組織のコンセプト

　SDGs を実現するためには、イノベーションを起こす、プロセスを
つくり上げることが重要となります。そこで、ここでは SDGs を推進
するためのアプローチや考え方を示します。

　ここまでに組織の提供する独自の価値は、「商品・サービス」「オペ
レーション」「リレーション」のいずれか、またはその絶妙な組み合
わせにより生み出されるということを述べました。

　この3つの中の、どの分野の独自性で勝負する代理店になるのかと
いうことが明確になっていないと、戦略の焦点が定まりません。

　一所懸命努力しているにも関わらず、なかなか成果が出ない代理店
における大半の問題は、この戦略の焦点が定まっていないということ
にあります。そのような代理店の話を聞くと、世間でよく言われてい
るようなスローガンが事務所に貼ってあったり、経営手法や販売手法
などをあちこちから引っ張ってきたりして、その真似ばかりしていま
す。そもそも、商品やサービスの独自性で勝負しようとする会社なら、
他社にないコンセプト、ユニークさをどんどん創造できる組織風土が
とても大切になります。

　オペレーション能力の高さで差別化しようとする会社なら、効率性
や正確性などで他社にはない高度な仕組みを次々に生み出していくこ

とが必要となります。リレーション（顧客との親密性）で勝負する会社なら、どこよりも高いホスピタリティを提供できることが重要な戦略の要となります。このように戦略の焦点を絞り込むために知恵を絞った会社は、みなさんの周りにもたくさんあり、いろいろなタイプがあるので紹介しましょう。

　商品開発力で差別化している代表例はディズニーです。そこには「ファミリー・エンターテインメント」というコンセプトが明確にあります。アメリカ人は中産階級以上なら人生に２回、ディズニーランドに行くと言われています。はじめは子どものときに親に連れられて、次は親として子どもを連れていく時です。アメリカでは特に「家族」の絆はとても大切にされます。それゆえ、この家族の絆を強くするための空間としてディズニーランドは位置づけられています。以前私が行ったアナハイムのディズニーランドでも、ほとんどが家族連れで、しかも子どものほとんどはローティーン以下、そして親は子どもが遊びたいまま、あるいは子どもの立てた計画に基づいてパーク内を周遊していました。ここでは子どもが楽しいのはもちろんですが、親もまたディズニーの空間を楽しみながら、また親子であることを楽しんでいるのです。つまり、アメリカ人にとってディズニーランドとは、「家族あってのディズニーランド」であり、ディズニーリゾートではそれに沿った形で、一つひとつのパビリオンやサービスが形づくられているのです。

　不振が続き、苦戦していたマクドナルドでも「SQC（サービス、クオリティ、クリンリネス）」というコンセプトで商品開発やサービス開発を見直し、少しずつ復活しています。マクドナルドはこのコンセプトに基づき、お手頃な価格帯のバリュー商品を投入し、きれいで清潔な店舗での食事体験を実現し、顧客の快適なレストラン体験を高めようと方向転換しています。

　目に見える形の製品からではなく、無形の文脈やストーリーをイメージコンセプトにしたのが、初期のコカ・コーラの「衝動」です。

衝動に駆られるほどの刺激のある商品開発を大切にしていましたし、IBMの「IBM means Service」もその典型です。顧客のソリューションという視点でイノベーションをとらえると、製造業かサービス業かという区分は意味を持たなくなるのですが、依然として多くの製造業企業が自社のドメインを「製造業」に自己規定し、そこから抜け出せていないのが現実です。IBMの有名な「IBM means Service」は1949年に打ち出されたコンセプトですが、この言葉通り現在の主力商品にハードウェアはほとんどありません。

ターゲットとニーズを掛け合わせてノウハウをつくる、というドメイン分析からコンセプトを導く方法もあります。スターバックスは、働く女性は、仕事と家庭(育児や介護)で忙しい、だから一人でひと休みというストーリーから「第三の居場所」というコンセプトを生み出し、成功しました。

また、現在すでに提供している何かに焦点を絞って、それを究極までもっていくというやり方もあります。ボルボの「世界一安全なクルマ」、グーグルの「すべての情報を整理する」などがその典型例です。

さらに、提供しているサービス全体から、何かの本質を見つけようというアプローチもあります。アート引越センターは「引っ越しとは生活の移動だ」と顧客価値の本質を鋭く見抜き、単なる引っ越し業から家事サポート業に転換していきました。 ニューヨーク市警本部はそれまでの「犯罪が起こったら捜査する」ではなく、「犯罪をなくす」という、警察のあり方を定義し直しました。これにより、非行少年などの取り締まりを徹底し、スラム街の巡回を強化し、犯罪の未然防止に努め、結果として総犯罪発生率を激減させました。

最近注目されているのが、ハーバード・ビジネススクールのクレイトン・クリステンセンの「片づけるべき用事」を見つけるという思考です。顧客が片づけたがっている用事が何かを理解できさえすれば、その用事をすませるための製品やサービスを開発すればいいというのです。つまり、イノベーションは予測できるというわけで、これまで

こうした考え方を唱える人はいませんでした。

　現在、自分たちが提供しているモノやサービスから発想しようとすると、どうしてもそのモノやサービスがもともと持っている機能的発想から抜け出せなくなってしまいます。多くの保険代理店も保険という商品の発想から抜け出せずに悶々としています。そこで、そもそも顧客が"本当に"やろうとしていたのは何なのか、を洞察しようということから、生き残りに向けて、何をしていけばいいかを見つけ出すことができ、悶々とした状態から、あるいは単なる保険屋からの脱却を図ることができます。

　この典型的成功例が、トップ保険サービスのトータルリスクマネジメントのソリューションということになります。これは「顧客が求めている価値」は何かを突き詰めようとした結果にほかなりません。

　ほかにも有名な事例があります。

　手術用品のホギ・メディカルは「手術室の効率化」、キーエンスは「日本初」、フェデックスは「空飛ぶ倉庫」、アスクルは「明日・来る」、セブン－イレブンは「あいててよかった」、小林製薬は「あったらいいな」と、それぞれ顧客の求める価値こそを、独自能力を生み出すためのコンセプトとして成功してきました。

　こうした事例を数多く組織として学習していくことで、自社がどうしたら他社と差別化できるかが見えてきて、他の組織や代理店が気づかなかったことを独自性にしていくことができます。そして、こうした代理店はすでにたくさん出てきています。楽しいことをテーマに、組織的な話し合いや学習を何回も終わりなく繰り返すことで、効果的なコアとなる自社独自のコンセプトができあがり、イノベーションを創り出していくのです。

2. 変革

　組織が経営理念をベースにビジョンを実現していくためには、やり

方や考え方を従来とは変えていかなければなりません。しかし、変えるということは簡単ではありません。特に重要なことは、あれもこれもではなく、焦点を定めて集中的、そして継続的に行わないと何も変わらないということに気づくことです。

　社長が「変われ」とか「変えろ」などといくら唱えても、ただそれを言われただけでは、何をどう変えていったらいいのか、社員たちにとってはまったく理解ができません。そういう組織では、このような漠然とした焦点の定まらない指示の仕方、それ自体を変えていかなければなりません。

　たとえば、従来からやってきたトップダウン指示命令型のマネジメントスタイルを、自主的・全員参画型のボトムアップスタイルに変えたいと思ったとします。仮に社長や幹部、管理職の人たちがそうしようと思っても、第一線の社員たちからすれば、今までのやり方に慣れきっているので、どうしたらいいかがわかりません。自主的・自発的と言われても、指示されたことしかやったことがないので、何をどうやればいいのか皆目見当もつかないのです。

　ちなみにトップダウン・指示命令型のマネジメントが一度染みつくと、変えるのには30年かかるという研究データも出されているのだそうです。だから会社・代理店の合併や統合などを機に、ガラガラポンと、一気に会社を自主・自律型につくり替えてしまった方がよほど早く良い会社に変われるのかもしれません。一見すると矛盾する表現になりますが、最初は何かやるにしても「自主的・自発的」に取りかかることを社員たちに指示しなければなりません。

　そうして次の段階では、自主的にやってみたプロセスについてきちんと報告を受け、互いに評価し、アドバイスを行っていきます。こうしたことを日々繰り返すことで、徐々に自主的・自発的に物事を進めていくことを習得していきます。はじめはトップダウンで、次にボトムアップにするようにもっていくことが重要となるのです。

　これまでトップや幹部が、募集人、接客担当、販売担当者に、「販

売件数を上げろ」とか、「売上を上げろ」ということのみしか指示してこなかった会社が、「顧客価値を高めていこう」と考えるようになったとします。「とにかく売れ」「売上を上げろ」と言っていた会社では、そのために商品知識の向上と販売技術の向上を強く意識していたと思います。

しかし、顧客価値を高めようと考えるのであれば、顧客の置かれている市場環境や状況、直面している課題や問題、それを解決するにはどうするか、そして解決したらどういう状況に変化するかというストーリーを考えていかなければなりません。しかし、「とにかく売れ」としか言われていなかった会社では、このように顧客のことを考えたことなどないので、こちらの都合で売りたい商品を、こちらの売りたいタイミングで押し込んでいるわけです。生命保険会社の記念月という風習などがあてはまります。

ですから、顧客のことをきちんと知ること、市場環境を分析する方法、顧客が直面している課題の分類や解決方法などを、募集人個人だけではなく、組織的に学習していかないことには、結局いつまでたっても会社の体質は何も変わらないのです。

組織変革を起こすために、最も時間がかかることは社員の育成です。これは単に研修会をやればいいということではありません。研修会や研鑽会で学んだことを実際に実践してみて、その結果を話し合い、そうして課題認識を持ったうえで、再び研修会に出るということを何回も繰り返して、ようやく腑に落ち、多くの気づきが生まれていくという状態になっていくのです。

しかし、ほとんどの代理店や中小企業では、幹部クラスでも、このように経営課題を分析したり、体系的に考えたりするためのマネジメント力を高める研修などは受けたことがありません。なぜなら、保険業界ならば一部の保険会社を除き、大半はオペレーションの研修しかしないからです。だから、このようなマネジメント力の向上が必要だということの意識づけもなされていません。もし、自社がそういう組

織や代理店だなと感じたら、社長、幹部自らが、そうした「変革に向けたマネジメント」を学習する機会を探したり、参加したりすることからはじめる必要があります。

　私は一般社団法人日本損害保険代理業協会のアドバイザーをやっている関係で、当協会の野元敏昭専務理事と話をする機会がありますが、まったく同様の危機意識を持っており、なんとか系列保険会社の枠を超えて、このような機会をつくっていきたいというようなことを話していました。また、保険代理店の自主的学習組織「RING の会」もこのような重要な機会ではないかと思います。

3. 「価値前提の経営」の重要性

　昨今、世間あるいは各保険会社の間で「働き方改革と生産性の向上」という言葉が大ブームとなっていますが、どのような会社が永続性のある生産性の高い会社と言えるのでしょうか？

　朝から晩まで、社長が「ああしろ、こうしろ」と指示を出し、目先の数字ばかりを追い求めているような会社は生産性が上がりません。話題となった日本テレビのドラマ『過保護のカホコ』をみると、これは本当によくわかります。母親がいちいち「ああしろ、こうしろ」とすべて自分の意に沿わないことはやらせないような、子離れできない状態だと、子どもは言われたことも、世間では当たり前のこともまともにできず、結果として母親の仕事はまったく楽になりません。そして、子どもは成長せず、自分で考えることもできず、自分の意思を押し殺し、すべて母親の顔色を見て行動するようになります。これが会社であれば、成果が上がらないのは誰が考えても自明の理なのに、いまだにこのような「過保護のカホコ」ならぬ、「過保護のカイシャ」はたくさんあります。

　成果を挙げている代理店や生産性の高い会社では、社員一人ひとりが自立と自律ができていて、いちいち指示命令しなくても、組織の向

かうべき方向に全員が向いている状態が創り出されているので、権限の委譲ができています。このように成果の挙がるような、社員一人ひとりが自分で考えることのできる会社にしたいのならば、まず、どのようなことをよりどころにし、どのような方向に向かって、物事を考えたらいいのか、すなわち仕事の前提となる理念・ビジョン・規範などを全員で明確にしていく必要があります。

その最も中心に置くべきものが価値前提という考え方です。これは、「プロダクト（商品）」で差別化するのか、「オペレーション（仕事の効率性）」で差別化するのか、「リレーション（顧客との親密性）」で差別化するのかという、自社のコアとなる方向性を明確にし、次にそれに沿った組織の戦略を明らかにし、そして先述したような変革プロセスをつくっていくという経験を重ねると、自然に備わっていくものです。

顧客価値の提供は保険代理店の使命です。従来のように、いかにもこちらの都合から保険販売を進め、挙績、収入保険料などに偏重して運営していって得られる将来と、一方で本来の顧客価値を追究していって得られる将来は、皮肉にも業績面でも大きな違いとなってしまうことは誰であっても見当がつきます。

このような根本的な考え方の違いが、日常の業務プロセスの違いになって現れ、それが自分たちの働きがいの差になり、顧客が得ることのできる価値の差となり、結果として大きな業績の差として跳ね返ってくるのです。

そして、そのような価値の追究によって得られる組織能力の向上とそれに伴って高まる顧客価値が、売上高や挙績などの成果として見えてきたような組織では、以前は結果ばかりを求めているにもかかわらず、なかなか売上高や成果が出なかったのはどうしてかということを、プロセスの重要性に遡って考える社員たちの集団になっているのです。

すなわち将来につながるのはどちらなのか、その違いは時とともにどのように広がっていくのかというようなことについて、社員一人ひとりがきちんと理解できるようになれば、必ず成果につながります。

自社の社員たちが、この違いを明確に説明できないとすれば、販売実績と顧客価値は、本音と建て前というダブル・スタンダードとして組織に存在していることになります。「顧客価値が大切だ」と社長は綺麗ごとばかり人前では言っているけれど、本音はやっぱりなんとかして売り込んで、目先の売上を上げることを求めているのだ、と社員たちが感じていれば、強い組織などつくりようがないのです。

　すでに述べたように、経営スタイルには事実前提の経営と価値前提の経営があります。過去からの経験則で考えれば、松下幸之助氏も、京セラの稲盛和夫氏も、ネッツトヨタ南国の横田英毅氏も、美容室バグジーの久保華図八氏も、すばらしい経営をしている人たちにみな共通することは、価値前提の経営スタイルを志向して永続性のある結果を出しているということです。

　わかりやすく言い換えれば、価値前提とは望ましさを目に見える規範にすることですが、このような説明を社長からただ聞いたからといって、その社員たちが明日から価値前提で考え、行動するようにはなりません。考えるというのは、一人ひとりが自分の頭で「こういう場合に、このように行動することが価値につながるんだな」「だからお客様に喜ばれるんだな」「だから私たちから買っていただけるんだな」というようなストーリーをイメージできるようにすることがとても大切です。

　しかしそれは、何度も何度も繰り返し、組織の仲間たちと話し合い、実践を続けることによってのみ、少しずつでき上がってくるものなのです。そして、同様の経験を自分のこととして実践してみることによって、確たる自信につながっていくものなのです。価値前提経営は、このように実践と話し合いを繰り返すことによって、だんだんできてくるものなのですが、永続的に成果を挙げている、持続性の高い代理店は価値前提での経営が当たり前のようになされ、なかなか成果の挙がらない代理店は、目先の売上のみを追い求める事実前提の経営にな

っていることにさえ、気づいていないのです。

　身近なところでわかりやすくこのようなことを徹底しているのが、2001年に金融機関初の日本経営品質賞を受賞した、創立115周年を越えた第一生命保険です。その社是は「最大たるより最良たれ」で、「最大たれ＝事実前提」「最良たれ＝価値前提」と置き換えるととてもわかりやすいでしょう。

　最良を追い続けた結果、2014年に日本生命を抜いて保険料収入第一位になったことは記憶に新しいと思います。

4. プロセスの重要性に着目する

　永続的に卓越した業績をもたらす、持続性の高い経営を実現するためには、次の3つがあります。

　①将来に向けての組織のコンセプトを明らかにすること

　②変革の焦点を定め、優先順位を決めてそれを実践すること

　③企業の目的を価値前提に据えること

　この大切な3つのことを実践するためには、何より「プロセス」を明確にしていくことが必要です。ここで言うプロセスとは、目的（常に見失わないもの）や目標（到達可能なもの）を定め、次にその目的に近づいたり、目標を実現したりするための方法やアプローチのことを指します。そして、「そのプロセスづくりに向かって、行動を具体的にする」というところまでのわかりやすいストーリーをつくることが必要となります。ちなみに具体的にするとは5W1Hにするということです。

　この「コンセプトを明確にする→変革する→価値前提で経営する」ということも、経営においてイノベーションを引き起こす重要なプロセスです。一方、身近なところでのプロセス変革には、部門の壁を取り払うプロセスを構築するということなどもあります。

　部門横断的、機能交差（クロス・ファンクショナル）という側面に着目して、あまりよく知らない社員同士が知り合い、次第に親しくなって

いくような変化を引き起こすということもあります。たとえば、今までは別の部門なので互いに知らなかった人同士が知り合い、いろいろと話し合ううちに相互理解が深まり、部分最適に陥っていた問題を、全体最適の観点から解決することができるようになったということがあれば、立派なプロセス変革と言えます。

　社長が漠然と「みな全体最適で考えよう」と言うだけでは、ほとんどの組織では何も変わりませんが、そのためのプロセスを変えることで、社員たちが全体最適で考えることができるような組織になっていきます。人と人が話し合うとき、そこには言葉の往来があります。このことを「コンテント」と言います。よくある議事録などはコンテントを要約してまとめられたもののことです。

　私はいろいろな保険代理店が一堂に集まる保険会社主催の合同戦略会議のコーディネーターをよく依頼されますが、このような機会を通じて、各社の話し合いの様子を観察していると、よそよそしく排他的な話し合いしかできない代理店、儀礼的であまり内容がない話に終始している代理店、自由闊達で物事の本質が深掘りできている代理店など、話し合いの質に大きな違いがあることを目の当たりにします。そして、この話し合いの質に大きな違いをもたらしている原因が対話プロセスの違いにあると気づきます。対話のプロセスがきちんとできていない組織では、問題を解明するために適した分析手法を使ったり、論点を整理して話し合ったりする、という基本ができていません。多くの代理店で見られる、社長や幹部の決めつけや思いつき、印象や感想が無秩序に発言されているという会議の状態では、とても対話のプロセスがあるとは言えないのです。

　効果的な話し合いのプロセスをつくらなければ、代理店のみならず企業の経営は失敗します。経営が失敗することの原因というのは、問題の本質や、売れたり売れなかったりする物事の因果関係が、みんながわかるように明らかにされていないということに尽きます。社長など上の立場の人が感情的な発言ばかりして、社員や会議の参加者が不

快になる、嫌気を感じる、怒りを覚える、などというような話し合いしかできないのならば、代理店のみならず、組織の経営はうまくいかないというのは歴史が証明しています。

逆に成功している組織というのは、個々の社員が良い話し合いの状態をしっかりとイメージできています。どのような意見交換の状態が良い状態なのか、結論や結果はどのように導くのが良い状態なのか、会議が終わった後、参加者がどんな気持ちで散会すれば成功と言えるのか、などを社員たちがしっかりとイメージでき、その通りに話し合い、進められているような状態ならば、経営や組織の運営において成功する確率は飛躍的に高まります。わかりやすく言うと、コミュニケーションにおける成功イメージを共有できることこそが重要なのです。

イノベーションを起こすには、あるいはもっと身近な会議1つについても良い状態に変えていくためには、しっかりと成功のプロセスをイメージできるかどうかがとても大切です。

5. 意図せざるできごと──「創発」

仕事をやっていると、これまでやってきたやり方(あるいは正しいやり方)ができないので、仕方なく別の方法をとらざるを得なかった、という場合があります。普通ならばこうしたことはあまり褒められたことではないと考えられています。しかし、イノベーションの多くは、そのような、たまたま仕方なくやらざるを得なかった方法から生まれていることが多いのです。みなさんもよく知るケースからその一例を紹介します。

セルフ・サービスのはじまり

みなさんはセルフ・サービスのはじまりを知っていますか？　Michael J. Cullen(マイケル・カレン、現代的スーパーマーケットの手法とショッピングカートを発明)は、若い頃、食品雑貨店で働きつつ、その経営法を学びま

した。18歳の時、「The Great Atlantic & Pacific Tea Company」で店員として働き、その後「Mutual Grocery」や「クローガー」で営業本部長を務めた人物です。

　カレンが、まだ小さな食品雑貨チェーンだったクローガーで働いていた頃、スーパーマーケットのアイデアを思いつきました。クローガーでは対面ケース越しに接客をしており、要望の商品をカレンが選んで顧客に手渡ししていました。ある日、彼が棚の上の方にある商品を脚立に乗って整理しているときに顧客が来店しました。カレンはすぐに脚立から降りられなかったので、「すみませんが、ご自分で商品を取っていただけますか」と頼みました。そうしたところ、その顧客はカレンが薦める商品よりも高額なものを選んでいました。こうして、セルフ・サービスのアイデアが生まれたのです。

　そこでクローガーの社長に、このセルフ・サービスのアイデアを説明した手紙を書いたのですが、返事がありませんでした。自分のアイデアに自信のあったカレンは、仕事を辞め、ロングアイランドに家族とともに引っ越し、クイーンズ区の繁華街から数ブロック離れたジャマイカ・アベニューの空きガレージを借り、1930年8月4日、世界初のスーパーマーケット、「King Kullen（キング・カレン）」を開店したのです。

　この店はすぐに評判となり、数マイル先からも客が集まりました。そして、多くの顧客に安い食料品を提供することで「世界一の価格破壊者」と呼ばれるようになりました。カレンが死去した1936年までに17店舗を展開するに至り、年商は600万ドルに達しました。最初の店を開店してからわずか6年後に亡くなったのですが、カレンの妻を中心とした家族の努力によってキング・カレンはその後も成長を続け、現在は、3代目の子孫たちが経営を引き継いでいるのです。

コカ・コーラやポスト・イット誕生は偶然から

　次に、コカ・コーラがどのようにして生まれたかを紹介しましょう。

もともとコカ・コーラは薬として開発されました。開発者は粉末の薬を水で薄めて飲むものとして考えていました。ところが、調合の際に間違えてソーダー水で混ぜてしまったのです。それを飲んだら、とてもおいしかったので、コカ・コーラをソフト・ドリンクとして発売したわけです。このような当初の意図に反したことや間違ってしまったことをやってしまうことを、英語で「エマージェンス」と言います。これは意図せざるできごとという意味ですが、「創発」と訳されています。

　さらに有名な例としては、はがせる糊のついたメモ用紙を、合唱のときに讃美歌集につけて使うということから生まれたスリーエムのポスト・イットの例です。このポスト・イットの誕生は偶然の産物でした。1969年、スリーエムの研究員スペンサー・シルバーは、強力な接着剤の研究を行っていました。ところが研究はなかなか思うように進まず、失敗を繰り返していました。その中には、たまたまできてしまった「よくつくが、簡単にはがれる」奇妙な接着剤もありました。

　普通ならば失敗作として扱われるその接着剤から、同社の研究員アート・フライは「讃美歌集のしおりとして使えるのではないか」というアイデアをひらめきます。シルバーがその奇妙な接着剤をつくってから、5年後のことでした。フライはその「糊のついたしおり」を付箋紙やメモ用紙として製品化することを考えます。ポスト・イット誕生の瞬間です。そして1980年、ついにポスト・イットは全米で発売されることになりました。ポスト・イットはシルバーが偶然つくった接着剤と、フライの熱意によって生まれたものなのです。

　このように、求めている結果とは別の価値を生み出すことを「セレンディピティ」と言います。はがせる糊というのは糊としては無価値だったのでしょうが、落ちないしおりと見方を変えたことで価値になったのです。

　こうしたことから、失敗や間違いだけではなく、当初の予定と違う、あまり期待していなかった、それほど本気じゃなかった、不承不承や

ってみた、という類の取り組みのことを総称して「創発」と呼ぶようになりました。

　実は、正規の計画として承認されたようなプロジェクトから生まれるアイデアでは、堅苦しくなりすぎてしまい、おもしろいアイデアが生まれる余地やユニークな感覚がなくなってしまいがちです。それよりも、上からは認められていなかったことを内緒で進めているプロジェクトなどからの方が、突飛なアイデアが出てくるかもしれません。ちなみに創造的な会社では、現在の仕事と無関係なことに15%〜20%の時間を使っていいというルールをつくっている例もあります。もちろん現在の仕事をサボっていいということではありませんが、自由な発想をしていくことを奨励しているのです。

　保険代理業であっても、創造的で革新的な雰囲気はどこにも必要なものです。そうしてそういう雰囲気は、やはり創発を誘発するような組織風土づくりを進めるところからはじまるのです。保険会社から言われたことだけやっているようでは、これからの市場環境では代理店は生き残れません。このような自由な発想のできる代理店は、岐阜のdii のように、社会貢献の取り組みから他の代理店が思いつかないような新たな顧客価値を生み出しているのです。

6. 良い対話ができない組織に良い将来はない

　今後、自分たちの組織や保険代理店をどのような方向に持って行こうかというビジョンやコンセプトは、本来、社員全員の話し合いのプロセスから生み出されるべき重要事項です。持続性の高い成果につなげていくためには、みんなが納得できるビジョンやコンセプトでなければなりませんが、そのような納得性の高いビジョンは良い話し合いのプロセスからしか生まれてきません。

　また、的確に問題解決の方向性を明確化する、活きた戦略を策定する、画期的な独自性の高い商品やサービスを生み出す、そのサービス

を提供するための良いアイデアを創造する、などのためにも、それぞれ良い話し合いのプロセスが必要となります。効果的な話し合いが当たり前のようにできるようにするためには、まずは効果の低い会議のあり方を見直し、社員にとってもつまらない、低いレベルの話し合いを、段階的に高めていくようにしなければなりません。

　話し合いのレベルが低い理由を、一つひとつ分解して分析していくと、大概は２つの原因に行きつきます。１つは良い話し合いをするための知識がないということ、もう１つは前向きに話し合いをするための思考方法を知らないということに集約されます。

　たとえば、顧客のことをよく理解するためには、アンケートやヒアリングなどの調査が必要となります。一般的に調査には定量調査と定性調査がありますが、それぞれ調査の目的も違えば方法も異なります。また、定量と定性では長所短所も違います。そういう基本的なことを知らなければ、どのような調査をすべきか、ということをきちんと検討することができません。また、調査結果についても、顧客のニーズや期待をどう分析するのかという思考方法を知らなければ、正確に顧客の意向を読み取ることができません。

　ではどうしたらいいかと言うと、まず、話し合いに参加しているみなさんで一度、話し合いの進め方そのものを学習してみてください。話し合いといっても、「単なる雑談」「意見を戦わせる討論やディベート」「ディスカッションのような意見交換の場」というように、それぞれ目的により方法も異なります。経営のことを真剣に話し合うことを考えたとき、単なる雑談か、あるいは討論・ディベートか、意見交換かでは、おのずと成果や方向性が違っていきます。

　そういうことを知らずに話し合いが行われる組織や代理店の場合、決めつけや思いつき、互いの印象や感想を勝手気ままに口にするだけ、いっこうにまとまらないどころか、話し合いをやればやるほど雰囲気が悪化し、互いが決裂し、中には代理店の分裂につながってしまう場合さえあります。

効果的な話し合いをするためにはダイアローグという考え方を知らなければなりません。ダイアローグとは日本語では「対話」と訳されていますが、意見を交換し合いながら、論理を磨き上げていくやり方で、自分とは違う考え方、異なる見方を互いに「なるほどなぁ、そういう考えもあるんだな」と否定せず、聴く耳を持つ(傾聴)ということです。

　また、発言内容を客観的に見てみると、「意見」「事実」「感情」に左右されているものが多くあります。このうち、証拠があり誰でも納得できるのは「事実」です。一方、事実に基づかない感情的発言は対話のプロセスを破壊してしまい、発言者以外は納得ができません。みんなが納得できないことを進めてみても成果につなげることはとても困難です。もちろん、自分の意見を主張することはとても大切です。ただし、できるだけ事実に基づき、論理的に筋道を立てた話をしなければ、みんなの納得性が得られないのです。

　業務上のミーティング、問題解決会議、プランニング会議、ブレーンストーミング、コラボレーション会議など、組織によって会議名はさまざまですが、それぞれの目的ごとに話し合いの進め方は異なります。なんでも自由に言っていいというやり方が、どの会議にも効果的なわけでもありません。問題解決会議では問題の本質を明らかにすることが大切ですから、状況や状態分析を客観的にきちんとできるメンバーで対話しなければ話し合いになりません。

　働きがいが高まらない組織の会議には、知らず知らずのうちに蔓延するがん細胞のような病巣があります。各人が互いに依存して真剣に考えない社会的手抜き、追従やご機嫌とりをする過剰忖度、精神論でなんでも決めつけてしまうリスキーシフト、上役がなんでも断定してしまう、目に見えない同調圧力などがそれです。このように人間の病気と同様、組織にも同じような病巣があるのだということを全員が熟知し、素早く摘出しなければなりません。

　また、経営者だけでなく、一人ひとりの会議参加者の態度も全体の

雰囲気に強い影響をおよぼします。各人が良い話し合いができる雰囲気づくりに努力しないと、自由に発言できる良い対話はできません。

　さらに会議をはじめる際には、何のために話し合いをするのかという課題認識を明確にしておかないと、建設的な論理を構築することもできません。こういうことを全員が知って、注意深く組み立てていかなければ、効果的な話し合いは行われないのです。

　効果的な話し合いのできない組織に、永続的に卓越した業績は実現できません。経営品質の高いすばらしい組織は、共通してこのような質の高い話し合いができる風土があるのです。トップ保険サービスなどはこのような対話のできる組織なので、成果を挙げているわけなのです。

7. 戦略思考のプロセスづくりの重要性

　これまで、コンセプト、変革、価値前提という基礎的なプロセスづくりの重要性を順に説明してきました。続いて、創発と対話という、やや高度なプロセスを組み立てることの重要性を説明しました。さらに上級とも言える「戦略思考の重要性」というプロセスづくりについて説明しましょう。

　残念ながらほとんどの代理店や会社では、このような戦略プロセスづくりに取り組まず、管理システムをきちんとすれば、会社がうまく回ると勘違いして、事務の効率化ばかりに終始しています。それはそれで必要なことですから否定しているわけではありませんが、事務の効率化だけで勝ち残れるわけでもありません。高い戦略性によって、きちんと売上や利益を出していかなければ、業務の効率化だけではいずれ頭打ちになってしまうからです。

　通常の管理をしっかりやる、ということは業務を効果的かつスムーズに進めるために行うことです。しかし、効果的といっても、戦略の方向性が定まっていなければ、何に対して効果を上げるべきかが不明

確となってしまいます。しかも、どのような効果を上げていくべきか は、戦略の方向性によって変わっていきます。だから戦略から導くし かないのです。管理を上手に行うことで、戦略思考が高まり、それで 売上が上がり続けるわけではないのです。

　そういうことを知らないと、管理や業務の延長上に戦略プロセスが あるものと誤解してしまいかねません。誤解をしている会社では、他 社がやっている良いことをなんでも取り入れようと考えたり、うまく 取り入れたりしているということだけで満足してしまいます。これは これで悪いことではないのですが、将来的に生き残るための戦略性が 高いこととは違います。

　そもそも戦略の本質とは、限られた経営資源（人・モノ・金・時間・情報） をどこかに集中していくことです。社員にこのような戦略の重要性に ついて教育していかなければ、基本となる正しい戦略を話し合ったり、 検討したりすることさえもできないのです。だから、金の使い方も時 間の使い方も人の使い方も、無駄が多くなるのです。

　そうなると、社長や管理部門は、コスト削減ばかりを主張したり提 案したりするようになり、ますます戦略的ではない会社になるという 悪循環サイクルに陥ってしまいます。それでは厳しい時代に生き残る ことのできる戦略的な会社にはなり得ません。

　ちなみに、保険のメールマガジン「inswatch」に寄稿されていた尾 籠裕之氏による事務効率化のコラムは、この点がしっかり明確になっ ており、戦略の重点を決めてそこにエネルギーを集中しようというも ので、とても参考になります。

　本書では、私が保険会社や代理店で実践している経営品質カンファ レンスで活用している戦略策定に向けた取り組み方法を簡単に紹介し ていきます。まず、社員が戦略を議論するためには、市場における支 配力、強み弱みなどを検討する手法と、自社の能力を掘り下げる手法 があります。前者は市場状況の検討に、後者は自社の能力検討のため に用います。前者の手法にはSWOT（スウォット）やPPM（プロダクト・

ポーフォリオ・マネジメント）、5Forces(ファイブ・フォース)などがあります が、これを自社分析に応用している代理店はあまりありません。詳 細は第7章で説明しますので、ここでは概要のみ記します。

- 「SWOT」とは、目標を達成するために組織において、外部 環境や内部環境を強み(Strengths)、弱み(Weaknesses)、機会 (Opportunities)、脅威(Threats)の4つのカテゴリーで要因分析し、 事業環境変化に対応した経営資源の最適活用を図る経営戦略策定 方法の一つです。

- 「PPM」とは、市場占有率を縦軸に、成長性を横軸にとって製品 や事業を分類し、組み合わせて、各々の分野に対する戦略を決定 する手法で、顧客セグメントを「負け犬」「大喰らい」「スター」 「金のなる木」に分類し、戦略のターゲットを絞り込む手法です。

- 「5Forces」とは、「業界内での競合状態」「売り手の交渉力」「買 い手の交渉力」「参入障壁の高さ」「代替品の脅威」の5つの要因 により、当該産業の潜在収益性を確定していくものです。

　後者の自社能力の検討には、コアコンピタンスやケイパビリティー 分析、あるいは前述したVRIOなどの手法があります。こちらも表 面的、抽象的な分析では意味がありません。どういう組織能力がどの ようなプロセスに支えられて形成されているのか、その組織能力をよ り強化するためにはどうすべきか、というような検討を社員全員で、 具体的に行っていかなければなりません。

- 「コアコンピタンス」とは、企業が競合他社に対して圧倒的に優 位にある事業分野や、他社にはない独自の技術やノウハウのこと です。

・「ケイパビリティー（capability）分析」とは、企業が全体として持つ組織的な能力、あるいはその企業に固有の組織的な強みを分析することです。経営戦略を構成する重要なコンセプトであり、競争優位の大きな源泉となりえます。戦略そのものによる差別化が困難な状況下においては、オペレーションの主眼となるスピードや効率性、高品質といった企業のケイパビリティーを活かし、戦略の実現性や遂行能力で他社に差をつけることが持続的な優位性の確立につながります。企業に固有のケイパビリティーを最大限活用した競争戦略は「ケイパビリティー・ベースド・ストラテジー」と言われます。

・「VRIO分析」とは、「Value（経済価値）」「Rarity[Rareness]（希少性）」「Imitability（模倣可能性または模倣困難性）」「Organization（組織）」の４つに区分されており、その区分ごとに分析をすることで、企業の経営資源が競争優位性をどれだけ持っているのかを把握するものとしてすでに説明しました。

　ただ、このような分析プロセスにおいて、議論が表面的に抽象的な言葉の羅列で終始していては、現実的に物事を掘り下げることはほとんどできません。これからどんな顧客に囲まれたいのか、その顧客がどんな要求・期待を持ち、だからそれに対してどんな商品サービスを提供していくのか、その際どんな独自性の高い強みを発揮していきたいか、そのためにどんな人財や組織が必要になるのかというようなことをストーリー的にまとめ、社員全員で掘り下げていかなければならないのです。
　一方、社長だけがこのようなことを勉強して社員に押しつけても逆効果です。社員全員で学習し、戦略策定に取り組むことこそが大切なのです。前述のように、これらの分析を社員全員で話し合い進めることを、東京海上日動火災の一部の支店では経営品質カンファレンスと

して実践していますが、大きい支店では毎回主たる代理店が1日休業して全員が参加し、支店幹部と代理店支援担当者とともに総勢150名もの合同経営会議を実践し、効果を上げています。

さらに進んだトップ保険サービス、経営デザイン認証を取得した愛知のアイ・ステージ(東京海上日動トップクオリティ代理店、三井住友海上ハイグレードエージェント)や直資の損保ジャパンパートナーズといった代理店では、このようなビジョン・戦略策定プロセスの組み立てを、保険会社に頼らず、自律と自立を実践し、自社だけで実践しているのです。まさしくこのようなことこそ模倣困難な独自能力と言えるのであり、それぞれが他社の真似できない業績を挙げている理由もここにあるのです。

8. ブランディング

ここでは、「ブランド」ということについて考えてみましょう。

顧客に自社の特徴をよく知ってもらいたい、ファンになってもらいたいと考えるならば、保険代理店と言えどもブランドマネジメントが必要となります。この点で特筆すべき成果を挙げているのが前出の岐阜の dii です。そこで、dii のような成果に結びつくブランディングの進め方についての基本的考え方について説明します。

ブランディングをなんらかの成果に結びつけるためには「優れたブランドマネジメント」が必要とされます。「ブランドマネジメント」とはいったいどのようなことなのか、インターネットで検索すると、

・ブランド・エクイティを高めるための継続的活動
・企業自らが保有するブランドの価値、さらには企業総体としての価値を高めるため、不断に改善のサイクルを回していく活動
・ブランドを企業にとって好ましい状態に総合的に管理する経営手法

このように説明されていますが、これは少し曖昧すぎて、よくわかりません。たまたま見た「Mission Driven Brand」というサイトの記事がわかりやすかったので引用します。

「ブランディングとは何か？　ブランドとは、生活者にとって「独自の役割」を持ち『感情移入』が伴ったモノやサービス。ブランディングとは『できるだけ多くの人に』『できるだけ強い』独自性と感情移入を形創っていく取り組みを指す。そのメリットは『衝動買い頼み』を越えた『指名買い』によるロングセラーブランドだ」。

　言い換えると、みなさんの保険代理店のブランドに対して顧客が強く感情移入してくれるような状態を、日々の活動を通じて創り出すことであり、その効果が最大化されるようにしていくこととも言えます。

　ブランドマネジメントの基本はコーポレートブランドについてきちんと考えることです。保険代理店にとってのブランディングは、たとえば化粧品メーカーなどのブランドマーケティングとは違い、美肌クリームのような独自の商品はありません。

　また、美肌クリームなどのブランドマーケティングは、商品開発部門、販売部門、マーケティング部門などにとっての日々の業務そのものなのに対して、コーポレートブランディングは、保険代理店の5年先あるいは10年先のビジョンを見据えた活動であり、簡単なことではなく、時間もかかります。

　そのためには、代理店の全員が「どのようにしてコーポレートブランドを高めていくべきか」を理解して、日々活動していかなければなりません。全員が活動の意味を理解せず、社長だけがブランディングに取り組んだのでは、「ロゴデザインを変える」「スローガンを変える」「タウン誌に広告を出す」など、ありきたりのことでお茶を濁すことになり、確たる成果には結びつきません。

　そこで大変重要となるのが、後章でも詳細に説明しているPPMです。ほとんどの保険代理店は経営資源、すなわち、人・モノ・金・時間などが限られています。それゆえ、同時にあれもやろう、これもや

ろうということはできません。

　市場が成熟してくるにしたがい、みなさんの代理店を取り囲む、あるいは支えていただいている地域の顧客の価値観は多様化し、ライフスタイルも多様化しています。だから、戦略的にどの顧客層をターゲットにするのかを決めて、その戦略セグメントにもっとも効果的なアプローチができるよう情報誌を発行する、タウン誌に広告を載せる、セミナーを開催する、ラジオの番組を持つなど、自社の強みを生かせるいろいろな方法を考えなければなりません。

　環境が急速に変化する状況では、一つの方法だけではなかなか成果に結びつけることはできません。だからと言って湯水のようにお金を使って広告宣伝などを行うこともできません。

　どこの企業でも、次の成長に向けて新たな方向性を模索する必要に迫られているのですが、一方で地域の保険代理店として、あるいは全国展開する保険代理店として、自社のファンになってくれる、あるいはロイヤルカスタマー（自社の営業マン）になっていただけるお客様を増やしていくためには、一つひとつの施策がなんの戦略性もなく、整合性もシナジーも考えずバラバラに実施されているという状態にあるのでは、いたずらに経営資源を浪費するだけということになります。

　これから自社のブランディングを考えていくのであれば、広告宣伝、販売促進策、日々の顧客との接し方などが、巧みに相乗効果を発揮するように組み合わされていかなければなりません。つまり、代理店が活動している一つひとつのことが、うまく組み合わさって、シナジー効果が発揮できるように、代理店の組織全員で一度ブランディングについて体系立てて考えてみることがとても重要となります。

　簡単なことではありませんが、ただ一点、「どうしたらうちのファンになってもらえるか？」という視点を貫き通すことで、時間がかかっても適切なブランド戦略を構築することはできます。そして「代理店のブランドアイデンティティ」を確立していくことが可能になります。今後最も注力すべき顧客層は何かを見極め、「自社の高い評判＝

ブランドを構築するために経営資源の配分をそこに集中すること」で、効果を高めることができるようになるのです。

バスのラッピング、タウン誌の活用、祭りでの社会貢献などを有効に活用して、これまで説明してきたような方向性を明確にし、高い戦略性でブランディングを成功させ、地域の信頼を得てきたのが、岐阜の dii なのです。このような代理店の施策を表層的にとらえて真似するのではなく、戦略性の巧みさにこそ、ぜひ着目していただきたいと思います。

代理店に限らず、どんな業種業態であっても、経営は「戦略」と「組織」という2つの要素で成り立っています。「ブランディング」においては「戦略の中身」をテーマに論じられることは多いものの、「組織マネジメント」という視点から考えることは意外と少ないものです。

ここで、組織という視点から優れたブランディングを展開するうえで重要なポイントを考えてみましょう。

一般にメーカーなどでは、ブランドマネージャーという言葉がよく使われます。これは一人の担当者が、新商品開発から損益責任、ブランド価値の管理までを一貫して担う人のことを指します。主に外資系企業で採用されているブランドマネジメント組織の形態であり、その代表的な成功例として P&G の取り組みなどが紹介されたりしています。P&G や外資系企業のブランド戦略というと、「ブランドマネージャー制度＝先進的なもの」と考えがちですが、保険代理店においてもこういう視点はとても重要だと思います。dii であれば、「ブランドマネージャー＝永井社長」ということになります。

永井社長と話をしていると、ブランドのデザインやポリシーのマネジメントに対して、常にたいへん強い関心を持っていることに気づかされます。近隣の多くの顧客や、住民のみなさんが初めて保険代理店のブランドに接するときに、まず目にするのは「ブランドのデザイン」です。つまり、ブランドのデザインは、潜在、既存顧客の第一印象を決め、トライアル購入に影響を与える、非常に重要な要素となります。

P&Gなどのメーカーであれば、ブランドを市場投入する際には、ブランドデザインは「パッケージデザイン」「コマーシャル」「グラフィックデザイン」「WEBデザイン」「店頭POPデザイン」など、いろいろな形で展開されていきます。

永井社長のところでは多くの代理店と同じく、ホームページや会社のパンフレットには統一的な色使いなど、デザインのコンセプトを明確にしています。しかし、他代理店との大きな違いは、それだけでは地域に浸透しないため、路線バスのラッピング、タウン誌への長期的かつ継続的なパブリシティ広告掲載、社会貢献としての地域のお祭りへの参加ブースの設置など、ありとあらゆるものがほぼ同一のコンセプトで統一されています。

注意を要するのは、せっかく時間をかけて創り上げたブランドデザインも、各媒体や露出する場面ごとに微妙に違うものになってしまえば「バラバラで散発的な見え方」となり、強いブランドを創り出すことはできなくなるということです。デザインやイメージは、創ったその瞬間から壊れはじめると言われますが、ブランドデザインの統一感と一貫性を保ち、運用をマネジメントしていくためには、ブランドのデザインポリシー（ビジュアルアイデンティティ）の適切な管理が必要不可欠となります。

また、代理店の「ブランディング」は、目に見える「モノ」である保険会社の「保険商品」や「価格・保証内容」とは異なり、極めて抽象性が高い概念です。そのため、ほとんどの代理店では可視化が伴わないまま、「何となく」タウン誌に広告を出したり、ホームページをつくったり、代理店の建物の看板をつくったりと、統一感のない感覚論に陥っています。簡単に言えば、代理店のブランドマネジメントなど想定していません。

しかし、形の見えないものは管理できないし、管理できないものは、改善することもできない、すなわちPDCAを回すことができません。ブランディングはもちろん、あらゆるビジネス活動は限られた経営資

源の中で、より高い成果を導き出すことが求められます。

　そのためには、たとえ抽象度の高い「ブランディング」であったとしても、営業活動と同様、何らかの形で「目標の設定」や「実行と達成水準の評価」「次のステップに向けた改善課題の抽出」は必要不可欠な要素となります。そこで必要とされるのがブランディングにおけるKPIによるマネジメントです。

　KPIとは「Key Performance Indicator」の頭文字を取った略語であり、日本語に訳すと「重要業績評価指標」となります。その意味は「目標を達成するためにプロセスが適切に実行されているかを計測・評価する指標」であり、ブランディングにおいては「ブランド力の現状を把握し、PDCAを回すための指標」ということになります。

　PDCAを回せるようにすることで、これまで「何となく」という感覚論でしかなかった代理店のブランドマネジメントを、より合理的で説得力の高いものに変えることができるはずです。ただし、ブランディングは効果が出てくるまでには時間がかかります。したがって個々の施策に短期的な費用対効果を求めてはいけません。

　永井社長のところは、経営品質と接するうちにこのようなマネジメントを身につけ、何年もの時間とお金とエネルギーをかけ続けたことで、保険営業の新規獲得、収益拡大などの大きな成果となって還ってきたのです。だからこそ、わかっていても他社が真似できない独自性となっているのです。

　ブランディングやマーケティングを展開していくと、そこには必ず「その時々で大きく局面が変わる」という場面に出くわします。そして「局面」が変化すれば、局面の背景にある「市場の力学」も変化します。ブランディングやマーケティングに携わる人たちは、このような「局面の変化」を「プロダクトライフサイクル」と呼んでいます。そして「プロダクトライフサイクルマネジメント」というそれぞれの市場が変化する局面で、次々と適切な方策を見出していくための考え方を活用しています。

もし「移り変わる局面」ごとに「市場で働く力学」を見抜くことができれば、みなさんの会社は市場の変化に対応する適切なブランドマネジメントを行うことができるということになります。また、プロダクトライフサイクルは「時間軸でとらえる」ことで、より早い段階で「市場の変化」を予見し、「先手を打って対策を練っておく」ことが可能となります。

　2019年7月6日に行われた、「RINGの会」が主催するオープンセミナーで、第1部のテーマでもあった「デジタルトランスフォーメーションへの対応」も同様、私自身もパネルディスカッションで、10年先のビジョンを組織全員で毎年考え、時間軸の変化を考えることで、AIやIoTの進化への対応が可能となるという話をしました。

　また第3部では、多角化し、他業種を展開している代理店のパネルディスカッションがあり、パネリストが口々に言っていたことは、保険代理店は値決めしなくていいから本当に楽だという話でした。もしみなさんがメーカーなどのマーケティング担当者なら、ブランドマネジメントの過程で、「価格設定」はとても重要なテーマとなり、そこに相当なエネルギーを割くことになります。

　特に市場成熟期になると、営業部門や上層部から「競合ブランドが〇〇円まで値下げしてきた以上、当社も価格も同等がそれ以下にするしかない」などの圧力がかかり、ブランドが毀損してしまうリスクなど、お構いなしに値引きするという判断に傾いてしまうマーケティング担当者も多く存在します。特に日本の企業においては伝統的に営業部門の発言権が大きいことから「シェア拡大、売上目標達成のためなら、多少値引きをしても構わない」という風潮が目立ち、結果として価格競争の泥沼に陥ってしまいます。ブランドマネジメントにおいては、この「値引き」は致命傷になります。

　なぜなら引き起こされる値崩れはブランド力の低下に直結し、さらに、値引きをしてもなお利益を確保するためには、かかる費用の中から、人件費や何かを削らなくてはならず、会社全体にとって有益な方

向に向かうことはありません。もし、企業が値引き販売を続けていけば、適正な利益が得られないまま価格下落が進んでいき、じわじわとブランド力と企業の体力が奪われていきます。

　一方、残念ながら顧客からの「値引き圧力」に対して、即効性の高い特効薬のような方策などは存在しません。だからこそ、多くの企業では、値引きせずとも売れるように、ブランド力を維持するための日々の地道な努力が行われています。

　翻ってみると、たばこ業界と同様、保険代理店業界は、このような価格競争の泥沼に陥ることなく商売ができ、さらに「たばこは簡単にやめられないのと同じく、保険には更新がある」というアドバンテージとともに、顧客対応力とサービス力などで正当な勝負ができる環境にあり、それこそが生命線となっているのです。

　にもかかわらず昨今、一部の保険会社が率先して、この業界一番のメリットである一物一価の原則をかなぐり捨て、短期的視野でのシェア確保という大義名分のもとでビット競争にのめり込むという、まったく不毛な営業活動をしています。このようなことに疑問を感じない人たちは、一度きちんとブランドマネジメントを学ぶべきです。

　そして自分で自分の首を絞め、じわじわとその実態が知れ渡ることで、値引きした顧客以外の大半の顧客の信頼を失い、抜け出すことのできないブランド力低下の泥沼につながっていくのだと気づくべきです。

ライバルは自分たち自身

　終身の保険を取り扱うという終わりのない商売をしている保険会社や保険代理店が、ビット競争に埋没するような短期的視野で右往左往するマネジメントをしていたのでは、顧客の信頼を得られるはずなどありません。一物一価の恵まれた環境の中でさえ、値引きしなければ売れないなどということは、ライバルは、競合他社ではなく自分たち自身に問題があるのだと気づくべきです。

自分のところは中小企業だからとか、顧客が企業・法人、すなわち
B to B のビジネスだからといって、ブランドが必要ないということ
などありません。自社が大切につくり上げてきた価値や、何のために
事業をやっているのかという意味合いを、はっきりブランドとして認
識してもらえるようにしていくことは、とても重要なことです。この
自社が大切にしていることを、顧客はもちろん、保険会社などの取引
先、自動車修理工場などの関係先、地域社会などに知らせていくこと
は事業活動のあらゆる面に、大きな効果と影響を与えていきます。

　そのためには、そもそも自社のブランドとはどういうことなのか、
あるいは自社のブランド力はどの程度のレベルなのだろうか、という
ことをきちんと把握していくことも重要となります。それを把握する
ためには、顧客に対する認知度や、顧客の自社に対するロイヤルティ、
自社の商品・サービスに対する品質評価、できれば、ブランド・エク
イティと言われる、自社の「のれんの価値」などを知らなければなり
ません。

「のれんの価値」が高ければ、価格に左右される比率は大幅に減りま
す。「のれんの価値」を高めることは、収益を高めるためにも、付加
価値を高めて生産性を上げていくためにも、とても大切なことになり
ます。

　また、正確に顧客満足度を把握するためには、自社の存在がお客様
の中で、一つのブランドとしてある程度、確立されていなければなり
ません。顧客は自分がわからないものは、評価しようがないからです。

　自社のことを第一に想起してもらえるようにするためには、日常か
ら顧客や関係者に共有してもらいたい、自社が提供する商品やサービ
スの独自の価値を伝え、明確に良いイメージを持っていただけるよう
にしていかなければなりません。

　ブランディングとはこのように、自社がどのような独自の価値を保
有し、どういう特徴のある会社なのかを、顧客に心の中で明確に持っ
ていただけるようにすることです。そして、そういうことを日常の営

業、事故対応、社会貢献などを通じて、さらに dii のように地域誌などのメディアや、バスのラッピングなどの方法を用いて、顧客だけでなく、地域の人々に認知してもらうようにすることを考えていかなければなりません。

　注意しなければならないのは、良いブランドイメージを持っていただくには、とにかく時間がかかるということです。逆に、悪いイメージはその何倍も速く伝わっていきます。

9. イノベーションサイクル

　本章のまとめとして、「イノベーションサイクル」について説明します。以下に、ここまでを振り返ってみましょう。

1. コンセプト
2. 変革
3. 価値前提
4. プロセス
5. 創発
6. 対話
7. 戦略思考
8. ブランド

　この流れは、すばらしい組織をつくるための基本的な手順とも言えます。これを「イノベーションサイクル」と言います。イノベーションとは、これらの考え方の全体を意味しています。

　そして、イノベーションは、それに取り組むプロセスづくりや責任者の明確化、それを管理する方法や手順などの確立を意味しています。ここまで説明してきた8つのプロセスを、それぞれつくり、それを一体化させたものが「イノベーションプロセス」です。イノベーション

は、周囲の人々に単に話をしただけではできません。しかし、ただやる気があればできるというものでもありません。

「取り組まざるを得ない」「取り組んだ方が得である」「何としても取り組みたい」といった「やるしかない」状態を組織の中につくらなければ、けっして前に進みません。この「やるしかない」状態を持続させている状態を「イノベーション軌道」と言います。イノベーションが状態化していることです。

　そして、そのイノベーション軌道に乗っているかどうか、どの程度乗っているのかを振り返るのが、「経営品質」のアセスメントです。何年もかけて、第一生命やトップ保険サービスが取り組んできたこととはまさしく、このイノベーションサイクルの確立だったのです。

　イノベーションは、社内外のイノベーター同士が協力してネットワークを組まなければうまくいきません。保険業界で言えば、イノベーティブな代理店同士の連携などもとても重要となります。そうしたネットワークを組むには、経営品質向上にむけて社長やリーダー自身がイノベーターでなければなりません。また、いままでのやり方に固執し、厳しい時代を迎えているにもかかわらず、自らがゆでガエルになっていることに気づいていない代理店の社長に、イノベーションを説いても猫に小判、あるいは豚に真珠です。

　本当に厳しい時代を迎えて生き残り、そして発展する組織・代理店になるためには、自らがイノベーターとしての自己認識を持って、これまで説明してきたイノベーションサイクルを回すことを意図した経営品質向上に取り組んでいただきたいと思います。

　本章の内容はかなり高度な内容となったかもしれませんが、これらのことを実践している代理店が存在しているのだということだけは知っていただければと思います。

dii（ディー）

経営品質からスタートしたブランディング

株式会社 dii　代表取締役社長　永井伸一郎

経営品質との出会い

　私が経営品質の教えに出会ったのは 2009 年のことでした。当時、扱い保険会社による代理店の構造改革がはじまり、保険会社主導の合併斡旋や、業務改革が全国的に行われていました。そんな中、弊社はこの路線に乗らないことを示したことで保険会社と対立してしまい、経営に先が見えない状態が続いていました。

　そんなときに経営品質セミナーに出会いました。その内容は、代理店の標準化を図るための規制的なものではなく、むしろ自由な発想で、オリジナリティある付加価値提供をすることこそが、競合にアドバンテージを築き、業界を生き抜くための術であるというものでした。さらにそこには、経営理念の策定と浸透による企業風土の確立という、柔と剛を兼ね備えた骨子がありました。私はすぐに経営品質の教えに従っていこうと決めました。

経営品質の本質とは何か

　経営品質の教えの中で一番共感できたものは、経営理念策定のパートでした。

　PDCA の P からはじめるということで、スタッフ全員で経営理念を決め、運用、浸透させてきました。この行程にはかなりの時間を要

しましたが、現在では弊社が少しだけ他社と比較しても自慢できる、社内ベクトルの統一に関しては、ほぼ何も考えなくてよくなりました。

　また、理念の浸透はスタッフの能動的な言動をもたらし、その雰囲気が新たな仲間を呼び、迷いのない経営を実現させてくれています。以降、経営理念を基軸に置いた経営を展開してきて本当によかったと感じています。

　反面、一番理解できなかったものは、8つの引き出し（アセスメント基準のカテゴリー）の中の「社会貢献」のパートでした。当時3人しか社員のいない弊社にとって、社会貢献という言葉自体、よその国の言葉のような感覚でした。社会貢献というものは大企業のように何万人も社員がいるような組織がイメージアップのためにやるもので、弊社のような小さな会社が背伸びしてやるものではないと考えていました。

　当時の弊社は、そもそも社会に貢献することの意味がよくわからないレベルでしたので、会社の現状を丸裸にして嘘偽りなく経営の本質を説いているこの経営品質セミナーにおいて、自分を偽ってまでよくわからない社会貢献のパートに取り組むことは無駄だと感じていました。しかし、セミナーにおいてこのパートはよく理解できなくても、取り組みはやらなければならない重要なパートであるとして指導されました。とにかくここはやってみないとわからないパートだということです。

　望月さんは自らの経験から、ここはやってみないとわからない。やってみるとその意味を体感することができ、喜びも実感できる。それを後で知る場合もあるのだとおっしゃっていました。内心疑問を感じながら、当社にとっての「社会貢献」のあり方を考え、何かできることはないかを社内で検討した結果、市内のお祭りに子ども向けの店舗を出してみようということになりました。

　祭りに参加するようなノウハウなど皆無だった弊社は、すぐに保険会社にヘルプを依頼し、キャラクターやグッズを借りてきて即席のイベントを行いましたが、しょせん創意工夫のないイベントですから、

もちろんお客様は数えるほどしか来ませんでした。

　社内では社長に無理やりやらされた感が充満し、スタッフの士気は落ちてしまいましたので、次年度は開催しないつもりでした。しかし、1つだけ心残りがありました。それは「弊社の築いたアイデアでイベントをしていなかった」ということでした。ああすればよかった、こうすればよかった、そもそも保険会社の手を借りてやらなければよかった、という思いが強くなり、それがいつしか「来年は弊社の手で全てをつくってみよう！」に変わっていました。

　翌年は気合を入れて準備をし、スタッフ一丸となって弊社らしく賑やかなイベントを開催しました。来客は昨年の3倍。元気のよい子どもたちがたくさん来てくれました。翌年からは子どもを連れてくるお母さんたちのイベントを追加。すべて無料の子供向けイベントということもあり、行列ができるようになり、来場者はのべ1000人を超えるようになっていました。イベント開催によってスタッフは自ら率先して能動的に行動することの喜びを知り、社内の団結、助け合いの輪が広がり、社内の雰囲気も良くなっていました。

社会貢献の名を借りた営業活動の結末

　しかし、次の年に事件が起きます。イベント開催に際し、保険会社からノベルティ等の支援をいただいていた関係で、当時の担当支社長から「dii さん、支援の結果、どれくらい保険が取れましたか？」と問われたのです。

　そこで、これまで保険契約につながることは何もしていなかったことにプレッシャーを感じていたので、その年から生命保険の証券を集めて見直しをして、新規獲得に挑戦しようということになりました。当時、すでに地域の子どもたちやお母さんにそこそこ周知されはじめていたイベントですので、地方誌に、「証券を持ってきてください」と告知しただけで一日100枚ほどの証券が集まりました。

　イベント終了後、すぐに手分けして見直しを開始し、営業に出かけ

ました。結果は成約０件。成約どころか話さえ聞いてくれない状況でした。営業スタッフはほとんどの家庭で「そういうことか！　やっぱり売りたいのか！」と言われ、心がボロボロになってしまいました。

　子どもたちに奉仕する無料のイベントを開催している会社が、参加者から得た情報で商売をする……今から考えても何とも怪しさでいっぱいで赤面の極みです。

　私はこの事態にかなりへこみました。弊社のイベントを楽しみに来てくれている子どもたちの心を裏切ってしまったかのような気分でした。

社会貢献の本質に気づく

　そんなとき、いつもイベントを手伝ってくれるボランティアの一人が「オレが何で dii を手伝っているかわかる？　子どもたちのために無料でやってくれているからだよ」と言ってくれました。私は目が覚めました。奉仕することに邪念があってはいけない。奉仕するならとことん奉仕だ。この町で商売させていただいていることに心から感謝し、この町の困りごとにとことん向き合う。初めて心からそう思うことができました。

　次の年から、瑞浪市の一番の困りごとである人口減少に少しでも貢献できないかと、大学進学で出ていった子どもたちがこの町に帰ってきたいと思えるイベントを開催して「思い出」をつくってあげよう、というコンセプトに変更。イベントの名称も「dii 感謝祭」に変更し、規模を拡大。市内で一番子どもたちに喜んでもらえるイベントを開催すべくスタッフ一丸となって運営に全力を注ぎました。もちろん証券回収はやめました。

　イベントは復活の大盛況。来場者はのべ 1500 名を達成しました。暑くて疲れているはずのスタッフが、大声を出しながら笑顔で子どもたちと接しています。いつの間にか、大きな声を出すことや、人前に

出ることに抵抗がなくなった弊社スタッフ。子どもたちは大笑いしながらスタッフを追い回しています。笑顔がいっぱいのイベント。子どもたちもスタッフも、笑顔が絶えないイベント。弊社の経営理念の一番目「お客様と我々が共に幸せであることをもっとも大切な使命とこころえています」が、現実になっているのではないかと感じました。そして、

「これが本当の社会貢献なのかなぁ」

そう感じることができました。これが望月さんのおっしゃっていた「後でわかること」なのだと思いました。そして、この時から私たちのイベントは本当の意味の「社会貢献」に変わったのだと感じています。時間はかかりましたが、教えのとおりやってみてわかりました。

今後に向けて

それから数年、弊社の感謝祭は８年を迎え、わが町の子どもやお母さんの間ではかなり周知されたイベントに成長していました。そのころ私は再度経営品質セミナーを受けたいと考え、名古屋商科大学大学院での望月さんの講義を受講しました。経営品質のフレームワークはパワーアップしていましたが、骨子は相変わらず腹落ちのする理念経営そのものでした。その際、望月さんが静鉄ストアの経営者だったころの体験談を語る中で、こんなくだりがありました。

「子どもたちの笑顔がつくれる企業は最強だ」

私はニヤッとしました。

静鉄ストアさんとはまるで規模の違う弊社ですが、子どもたちの笑顔をつくることは負けないぞ、と。これが経営品質で学んだ他社に負けない力、独自能力なのだと。そしてこの能力は、長く育んできたも

のだからこそ、ほかには真似できないものであり、これぞ正しく弊社の財産なのだと実感しました。経営品質の教えは、弊社にとってかけがえのない財産をもたらせてくれました。これからも、その教えに従い、地域に必要とされる企業を目指して精進してまいります。

第5章

持続的経営に不可欠なイノベーションと
マネジメントの基本

　持続性の高い組織にするには、経営品質を高めることが重要となります。そのためには卓越した状態を志向することが必要です。したがって、卓越とはどのような状態であるのかというイメージができていなければなりません。そもそも、ほとんどの代理店では卓越した代理店の状態がイメージできていません。

　そのため、せいぜい「収入保険料が10億円の代理店になる」などというようなことが、卓越した状態のイメージになっています。本来であれば、たとえば東京海上日動陣営であればTQ(Top Quality)代理店の認定基準のように、保険会社が設定する質的基準と量的基準をクリアしている状態が卓越した状態であるはずですが、保険会社の社員も代理店も量的基準でしか良い代理店を計れない人たちが数多くいます。

　また代理店も同一の基準で評価されるために、同質化し、他の代理店と差別化できない状態にもなっていきます。独自性がないため、一世を風靡した大きな代理店であっても、凋落してしまうということがあちこちで起こっているのです。だからこそ、他の代理店がなかなかできないイノベーションを生み出していくためには、そのための方法論を勉強していくことも大切なわけです。

　そこでここからは、大半の保険代理店の方たちが知っていそうで知らない、イノベーションとマネジメントの基本について解説していき

ます。

マーケティングの基本戦略ホールプロダクト

　保険代理店業界にもそのまま当てはまる、マーケティングの基本戦略「ホールプロダクト」を紹介します。

　ホールプロダクトは1960年代にセオドア・レビット博士が提唱したマーケティング戦略のモデルです。顧客が期待していることに対応できるように、自社が提供している商品を補助する商品やサービスを含めて段階的に充実させていくという戦略のことです。このホールプロダクトという概念は、日本の保険代理店業界ではあまり馴染みのないマーケティングの戦略ですが、ハイテク製品のマーケティングや戦略策定においては重要な概念になっています。

　なぜ重要かというと、保険会社が開発する商品やそれに対応して提供している事故対応などのサービスと、顧客が真に求める意向との間には常に乖離があるので、自社がメインで販売しているコアな保険商品だけでなく、その周辺分野にさまざまな機能を持った商品や補助的なサービスを段階的に整えていくことによって、ようやく顧客満足度を高めていくことができるということは間違いないからです。

ホールプロダクトの4つのプロセス

　セオドア・レビット博士は、ホールプロダクトには4つのプロセスがあると解説しています。

①企業側の都合でお客様に提案する「コアプロダクト」
→保険代理店業界では、保険会社が提供する主力商品ということになります。
②顧客が保険商品の購入時に「こうであるはず」「こんな機能が欲しい」と期待している機能を持った「期待プロダクト」

→「あって当然」と顧客が思うもので、お客様に合わせて提供する商品の組み合わせ。たとえば生命保険と損害保険や、自動車・火災・新種などの保険商品の組み合わせのことです。

③顧客の利便性を高めるための付随的な保険がらみの商品やサービスの「拡張プロダクト」

→典型的なものは、東京海上日動であればドライブエージェントパーソナルと言われる、ドライブレコーダーの設置や事故時の現場急行サービス、各代理店が実施するセミナーなどです。

④「拡張プロダクト」が揃っていて、顧客が製品を最大限に活用できる「理想プロダクト」

→これは顧客のリスクマネジメント全体を把握して、それに対応する商品・サービスの提供がきちんとできている状態ということになります。

このように段階的に4つのプロセスを高めていくことでホールプロダクト戦略は展開されますが、実際には4段階目の理想プロダクトにまで達した保険代理店はほとんどないと考えられ、逆に理想プロダクトレベルにまで到達することができれば、市場において圧倒的なポジションを築くことができると考えられています。

日本ではあまり浸透していない概念であるホールプロダクトですが、特にハイテク製品などの分野においては非常に重要になる戦略で、実際にAppleをはじめ、現代で市場を制している企業はホールプロダクトを戦略的に構築しています。また、現段階では、ほとんどの代理店は第2段階のプロセスにとどまっています。

一方、トップ保険サービスなどは、この4段階目の理想プロダクトにかなり近い展開ができているように思います。卓越した状態づくりには、必ずこのような段階があり、保険会社から言われたことだけに終始していては、段階は上がっていきません。さらに、そもそもこのような経営の基本を、自立してきちんと学んで行かなければ独自性の

高い、イノベーション力の高い代理店をつくることは容易ではないのです。

サーチライト思考——収保が5億、10億の代理店になるというコンセプトはなぜダメなのか

　経営品質を高め、持続的な経営を行うということは、卓越した状態を志向するということです。したがって、卓越とはどのような状態であるのかというイメージづくりとそのイメージができるための方法論を知らなければなりません。方法論に無知ならば、他社に差別化できるだけの独自性を生み出すイノベーションなどできません。

　前節で1つの方法論としてホールプロダクトを解説しましたが、ここでは「サーチライト思考」という考え方を説明します。代理店のメンバーを1つにまとめていくには、接着剤の役割を果たすべき、みんなが納得できる明確な代理店の向かうべきコンセプトが必要となります。経営学において、あるべき組織のコンセプトを明確にすることはとても重要だと言われている所以です。

　メンバーのよりどころとなり得る、「どんな代理店になりたいか」というコンセプトを実現できるまでには戦略が必要で、戦略を達成していく「ビジョンストーリー」「ロードマップ」「アクションプラン」を考えるにあたり、そもそもみんなが納得できるような目指すべきコンセプトを明確にしておくということの重要性は、いくら強調してもしすぎることはありません。コンセプトと戦略は鶏と卵の関係のようなものだからです。

　そしてこの独自のコンセプトは、サーチライトのようなものだというのが「サーチライト思考」です。アメリカの社会学者タルコット・パーソンズはコンセプトについて、「経験的世界を照らすサーチライトのようなものだ」と説明しています。また、「暗黒の中では、われわれはサーチライトによって、初めて事物を見ることができる。これ

と同じように『コンセプト』というサーチライトによって照らされた事物こそを、人々は『事実』として認識する」とも言っています。

　こういった意味合いからすると、世の中にある多くの代理店の目指している「コンセプト」は何も理想の姿を映し出さない、ただの数字の羅列だったり言葉遊びにすぎなかったりしたものも多くあります。

　たとえば、将来、収保5億円や10億円の代理店になるというコンセプトはわかりやすいものですが、そのコンセプトに独自性はまったくありません。誰でも考えられるものですし、戦略ストーリーが語られていないからです。そして、一寸先は闇のような市場環境において、サーチライトで浮かび上がる代理店のあるべき姿が5億になる、10億になる、ということで、そこに吸い寄せられる募集人や社員はどのくらいいるのでしょうか？

　5億になっても10億になっても、楽になったと言っている社長や幹部など私の周りにはほとんどいません。そして、すでにそんな姿を多くの人たちは知っています。単に大きな代理店に所属したいなら、東京海上日動パートナーズや損保ジャパンパートナーズのような直資代理店に入ればいいだけです。

　暗闇の中でサーチライトによって浮かび上がる姿は、光り輝いていなければ虫も寄りつきません。一度見たり、一度聞いたりするだけで、その代理店が何をしたいのか、どんな独自性のある代理店になりたいのかが直感的に伝わるような、質の高いコンセプトにはなかなか出会うことはありません。しかし、中にはそのような代理店はないわけではありません。その代表例がトップ保険サービスです。トップ保険サービスは損害保険だけで収保16億を超えるほどの代理店ですが、私は野嶋康敬社長から「社員が成長し、自分たちで考え行動する集団になった。その結果、お客様に喜ばれるようになったからうれしさを感じるし、楽になった」とは言われても、「16億になったから楽になった」などという話は聞いたこともありません。

　では、代理店が本気で「あるべき姿＝コンセプトを見直そう」と

考えようとするのは、どのような時でしょうか。多くの場合、「今の延長線ではもう限界が見えてきた」「人が集まらない、どんどん辞めてしまう」「代理店の手数料ポイントは下がる一方だ」など、何かの変革やイノベーションが必要だと差し迫ったタイミングに遭遇しなければ、思いもしないものです。

　しかし、これらのことが現実的なこととして起きてから気づいたのではもう遅いのです。トップ保険サービスの変革(イノベーション)は、東京海上日動の総合表彰トップだった15年以上も前からはじめられていたのです。

　「イノベーションを起こす」とは、「誰が見てもわかるような独自の姿」がわかるような本物のコンセプトによって、新しい代理店の目指すべき姿が、サーチライトのように明確に照らし出されるようにすることです。新しい「コンセプト」は、ただ生真面目に無難に考えて導き出せるものではありません。なぜなら、イノベーションは過去の体験の延長線上からは生まれないからです。

　だからもっと、社員、募集人、事務員一人ひとりが「すべてうまくいったらこうなる、と考えよう」というようなことを通じて連想できるような、一見非現実的な楽しいこととして考えなければ、なかなか代理店の独自性のあるコンセプトは導き出されません。トップダウンが強く、社長に言われたことだけやってきたような体質の代理店では、不可能であり、社長の器しか会社は成長できないと昔から語り尽くされていることの理由はここにあります。

　ちなみに、トップ保険サービスには「すべてうまくいったらこうなる」会議というのがあります。

　まさしくこのテーマの本質は、この会議にあります。保険会社から言われる目先のことだけをただ鵜呑みにして、それも数値を大きくすることだけを信じて、キャンペーンなどに突き進んでも、その先に、暗闇を照らす光明はありません。良い人財や顧客が吸い寄せられるような、独自のあるべき姿をみんなで考え続けることこそが、厳しい時

代を生き残る基本です。「代理店の目指すべきコンセプト創造の重要性」に真剣に向き合っていただければ、自ずと別の未来が開けてくるのではないかと思います。

創発を生み出す異質な組織風土の重要性

　代理店の経営に変革を起こそうとすると、必ずと言っていいほど、組織内にいろいろな抵抗が出てきます。そのような代理店でよく耳にするのが以下のような発言です。

「そんなのどうせ難しいよ」
「そんなこと言われても訳がわからない」
「代理店の仕事は理屈じゃない」
「現場を歩くことが何より大事だ、頭より足を使え」
「勉強しろと言われても俺たちは学者や学生じゃないんだから」

　このような、とてもプロとは思えないアマチュア的な発言を放置していては、その代理店にイノベーションは起こせません。組織の変革のためには、とにかく「アマチュア」を、「プロフェッショナル＝専門家」の集団に変えていかなければなりません。ここで言う「プロ＝専門家」とは、目的に向かって知識を縦横無尽に有効活用できる人たちのことです。一方、「アマチュア」とは、経験や印象だけで発言し、好きなことしかしない人たちです。
　『日本でいちばん大切にしたい会社2』（あさ出版）という本で紹介されている、ネットトヨタ南国株式会社の社訓には、「アマチュアは自分の好きなことを好きなときに好きな場所で、我流でやればいい。プロは他人の好むことを他人の決めた時や場所で、決められた方法でやる。その代わりにプロには報酬があり、アマにはない」と書かれていますが、まさに言い得て妙です。

代理店にとっても重要なことは、どうやってアマチュア的発言をする人たちをプロ意識の高い集団に変えていくことができるのかです。同時に、経営の段階構造を理解できているのかも非常に重要なことです。

　経営には、「経営規範→理念・ビジョン→戦略→執行管理→業務→作業」という段階があり、このそれぞれの段階に求められる思考能力があります。この段階に当てはめて言えば、いつも業務や作業のような目先のことしか考えていない人たちは、目の前のことをどうやってうまくやるかしか考えていません。

　なぜ、それではだめなのかというと、どうやって目の前のことをうまくやるかしか考えていない人たちは、仮に組織が間違った方向に向かっていても、それが間違っていることだと疑いもせず、その間違ったことでさえ、どのようにうまくやるかしか考えていないのです。それによって組織は、より早く悪い方向に向かってしまうからです。

　一方、経営規範、すなわち理念・ビジョンとそれに向けての戦略を考えている人たちは、今後に向けて何をどうしていこうかということを常に考え、どこに向けて進み、どこに限られた経営資源を、どのように優先順位をつけて投入していくかを考えています。そして常に、進んでいる方向が正しいかどうかを自問自答し続け、的確に軌道修正が図られています。それゆえ、自ずと業績に大きな差が生み出されてしまうのです。

　目の前のことをうまくやればいい程度のことしか考えていない集団を、もっと高い価値を生み出すには「どうするか」を考える集団に変えていかなければ、生き残りに向けて必須となる独自性を生み出すイノベーションは生まれないのです。

　一般的に、売上・利益を上げることを目的とする事実前提の経営スタイルの組織では、独自性を生み出すイノベーションは生み出されにくく、組織の理想的な姿を追い求める価値前提の組織でなければイノベーションは生まれないと言われています。なぜならば、売上・利益

は現在の延長線上で考えられます。しかし、他の代理店とは異質のあるべき姿を考える時に、どこかで現在のあり方を脱却しない限り、すなわちディメンジョンを変えなければ到達不可能なものだからです。

同時に、イノベーションと同様に創発が生み出される組織風土づくりがとても重要となります。予期せず、突発的に他の代理店にない独自性が生み出されるようなことを言います。そのためには、創発が湧き出るような組織風土づくりが必要不可欠です。

トップに言われたことだけを疑いもせず行動に移すトップダウン型の経営スタイルで、さらに、経営の目的が売上・利益でしかないような組織から、創発が生み出されることはないというのが、これまでの100年近い経営学の実証研究から証明されています。この創発を生み出すためには、異質な知識の習得、すなわち他の代理店がとても考えないようなことを学んでいくことが非常に重要となります。

厳しい環境に生き残り、その中でさらに発展する代理店になっていくには、可能な限り貪欲に、自発的に異質なことを学ぼうとする組織風土づくりを進めていかなければならないのです。

組織風土づくりのためのファシリテーション学習

ここでは、創発を生み出す効果的な「思考プロセスの形成手法＝ファシリテーション学習」について考えてみたいと思います。前節で創発を生み出すための他の代理店とは異質な知識の取得の重要性について説明し、代理店においてどのように創発の場づくりを行うのかが大切であると述べました。

では、代理店における創発の場としてはどのようなことが考えられるのでしょうか？　一番わかりやすいものとしては会議が挙げられますが、重要なことは、その会議プロセスをどのように革新するかです。

革新のための具体的な学習として、MIT分析やファシリテーション学習ということを知ることは不可欠です。そして実際にそれらの考

えをどのように活かしていけるかが大切で、創発を生み出す風土づくりに向けては、社員全員が、集団意思決定のやり方や、問題点を分析できるかが重要となります。

　ここでは、その基本となる「MIT分析」と「ファシリテーション学習」について解説しましょう。

MIT分析

　MIT分析とは、MIT（マサチューセッツ工科大学）のメディアラボから生まれた行動データによる管理の分析手法で、人々の行動データを使って組織を理解し、管理していく方法です。このような考え方が普及したことによって、企業の経営、組織の運営方法は根本的に変わったと言われていますが、このような基本的なことを知らない代理店では、社長やリーダーの経験と勘にもとづく意思決定が依然として行われています。

　私は経験や勘も大切な財産だと思っていますが、社長の経験などが市場の変化とずれてしまっていることもたくさんあります。このような組織では、社長の力量以上の会社にはなりませんから、社長がパワーダウンすれば業績が上がることはありません。MIT分析の基本は、経験や勘ではなく、実際のデータやツールを使用した対話、ディスカッションを織り込んだ実践的なものです。こういうことを組織的に続けていくことで、メンバー全員が行動分析の基礎を身につけることができるようになります。

　具体的には、行動分析はビジネスに影響を与える以下のような基本的な問題を繰り返し話し合いながら行います。次のようなことなどです。

- ・社長やリーダーはメンバーとどのくらいコミュニケーションの時間をとっているか？
- ・マネージャーは、実際にチームメンバーとどのくらいコミュニケーションのための時間を過ごしているか？

・営業担当者が顧客と話す頻度はどれくらいか？

　これらの質問に代理店のメンバーが明確に答えることができないとすれば、その理由は、情報とデータの欠如です。データは保険会社や外部の業者に依頼してアンケートなどで収集してもらったりすることも一手ではありますが、外部に依頼すると、費用も時間もかかり、現場で何が起きているかを実際には知りませんので、的が外れる場合があります。そこで自分たちで行動分析をしていくことでもいいと思います。

　人間ドックや健康診断を検査なしに行うことはありません。組織の診断も同じです。このような分析を有効に進めるには、ファシリテーション学習という考え方を学ぶことも必要となります。これを学ぶと顧客に対する営業においても大きな成果をもたらすことになります。

ファシリテーション学習

　ファシリテーション学習は、チーム学習、アクティブラーニングなどという概念として世界で注目を浴び、ハーバード大学などの学校やトヨタ自動車などの大企業などでは、すでに実践されている教育手法と言われています。昨今は各保険会社でも導入されていますし、私が実施する代理店教育でも基本的な手法として活用しています。概念を簡単に整理すると以下のようになります。

【目的】
　・部下やメンバーが自然に成長するような風土づくり

【なぜ、ファシリテーション学習が学ぶ力を育てるのか】
　・教えるのではなく、仕向ける

【名経営者は、学習ファシリテーター】
　・成長する企業は、社員自体が成長していることを知る

・変化に強い、学習する組織をつくる鍵とは何か

【アインシュタインなどが考える「教育」とは】
・教えるのではなく、引き出す
・学校で教えたことを一切忘れても残っているものは何か

【5つのポイント】
1. 相手の可能性を信じる
2. 多様性を認め、受け入れる
3. 時期的に考えて、どうするべきか
4. 結果を自分で体験させる
5. 常に受容する

【高いパフォーマンスを上げる人の「セルフ・学習ファシリテーション」とは】
・まずは、自分を振り返る
・次々と自分の能力を引き出す方法を生み出す

出所：toiee Lab HP https://toiee.jp/

　強い組織は、自分たちの組織を「どうしよう」ではなく「どうなっているのか」、すなわち答え探しではなく、問い探しができる組織となっています。目先の問題を処理するだけではなく、全員が自分事として問題を根本から解決していけるような組織こそが、市場の変化に対応し、生き残るための戦略思考が習慣化します。戦略思考の習慣化ができることこそが創発を生み出す独自性になり、市場混乱期にもびくともしない組織、働きがいのある組織になっていくのです。

同調圧力と過剰忖度が蔓延していないか

　ここまで「イノベーション」という言葉を何度も使っていますが、業務の効率化や改善活動はイノベーションではありません。きちんとした調査プロセス、分析プロセス、考察プロセス、企画プロセス、アイデアを考えるプロセスなどを思考プロセスといいますが、きちんとした思考プロセスを組み立てていない代理店にはできないことです。

　創発とは、予想できない発見のことですが、創発が生まれる風土がなければイノベーションは起こりません。創発に不可欠なのは、他の代理店にはない異質な知識です。多くの保険代理店が弱いのはまさしくこのあたりであり、保険会社の指示命令だけで動いていて何の疑問も持たないようでは、イノベーションなど起こるはずはありません。

　このようなこと、あるいは画期的な商品開発などは、保険会社が考えればいいと思っている方も多くいると思います。しかし、強い代理店には他の代理店がやっていない営業の進め方、事務の革新がありますし、トップ保険サービスは、いくつかの保険会社に提案して、画期的な独自性の高い福利厚生商品を生み出しています。ですから、代理店にも創発を誘導するような風土づくりは可能です。このような新たな発想が出ない代理店とは、すなわちじり貧になる代理店です。そのようなじり貧になる代理店には共通項があります。それは、次のようなことが蔓延しているということです。

・同調圧力
・過剰忖度
・リスキーシフト
・社会的な手抜き
・シュッドイズム（決めつけ・断定）
・アバウトイズム（印象・感想）

このような状態を放置していては、その代理店において、厳しい現状からの突破口となる創発を生み出す効果的な思考プロセスは生まれません。そのような状態から脱却するために、どのように代理店内の思考プロセスを変えようとしているかが重要となりますし、そのための方法を知らなければなりません。

「同調圧力」とは

同調圧力とは、空気を読めという無言の圧力のことです。もう少し具体的に説明すると、代理店における何かしらの行動や主張について、社長や多数派が少数派に対して同調を迫るためにかける圧力のことです。その構造についてはいろいろあって、意識的に行われることもありますが、無意識に行われてしまっている場合も多く見受けられます。

たとえば、社長などが「俺のことは気にするな」などと言っていようとも、実際には暗黙の圧力が実行されているという場合です。

主なものを挙げてみると、「ほかの代理店もみんなやっているから」「それはどうせ保険会社が認めないからだめだ」などといったものだったり、「プロならこうすべきだ」「本当の代理店とはこうあるべきだ」などといったことだったり、勇気を持って一人が問題提起したことなどを「そんなの無理だよ」と叩く、出る杭を打つたぐいのことです。

結局、空気をつくって多数派を形成し、周囲に同調圧力をかける側になった者が勝ちのような状態になると、ときには声の大きな人の過激な主張とともに空気形成を競うことが常態化してしまいます。代理店内で空気形成・同調圧力合戦の様相を呈するようでは、もはやその代理店から新たな発想など生まれようもないどころか、分裂が起こります。

「過剰忖度」とは

忖度の本来の意味は「他人の気持ちを推し量ること」「推察」ということですが、昨今においては、主に「上の者の意向を推し量る」た

めに使われることが多いようです。わかりやすく言えば「おべっか・へつらう」といった意味になってしまっています。本来ならばこのような状態は忖度ではなく、過剰忖度という状態です。

忖度の語源ですが、「忖」は立心偏に寸をつけたもので「他人の脈をはかり、心臓の動悸や不整脈の表れを見る」ことを意味しています。「度」は「推し量る」という意味であり、そこから忖度は「感情の起伏・思い・欲求」といった「他人の心・働き」を推測するという意味を表すようになっているわけです。

だから「相手の気持ちを察して行動する」「相手の考えを自分の中で推測する」のが忖度の本来の意味なわけですが、森友学園問題で多く使われたために忖度という言葉に悪いイメージが定着してしまいました。あの事件は、実は忖度ではなく過剰忖度が問題だったわけです。このように、同調圧力がもたらす過剰忖度が常態化している代理店では、顧客のことを真に忖度して、良い商品の提案などできるはずもなく、当然成果も上がるわけがないのです。

非常に危険なリスキーシフト体質

さて、何度もイノベーションを起こすことのできない組織は、いずれじり貧になっていくと述べていますが、そのような組織によく見られる病巣に「リスキーシフト（risky shift）」という状態があります。

リスキーシフトとは、社会心理学の用語です。一例を挙げると、普段は穏健な考え方をし、比較的節度を守って行動することのできる社員たちなのに、仲間の一人がコンプライアンス違反などの良くない行動を継続的にとっていたり、顧客に対して極端に不誠実な言動を行っていたりしたとしても、それに対して特に無関心で、なんとかして正そうともせず、逆にそんな社員に同調し、ときには一緒になってコンプライアンス違反のようなことさえも正当化したりする集団になっていくことを言います。

これは「集団思考」(group think)として知られている現象の一つで、フォーダム大学教授のストーナー(J.A.Stoner)によって1961年に報告された現象です。このようなことは、どのような集団であっても起こりえるもので、同時発生的にも、段階的にも生じてくる現象と言えます。

　代理店の社員の多くが、より保守的(新たなことに挑戦しようとしない)もしくは、より極端な方向(何をするにも反対するような後ろ向きな方向)に自分の見解を変更し、顧客の立場から見れば、まったく間違いとしか言いようがないことさえも、安易に合意形成されてしまうというものです。

　つまり、個人で判断するならば犯さないような間違いでも、集団の中では、次第に危険度(リスク)の高い方向に言動が傾斜していくことを「リスキーシフト」と言います。このような組織の空気は、集団が集団として何らかの決定を行おうとする場面において、性急に合意形成を図ろうとした場合に、生まれやすいと言われています。

　リスキーシフトは、集団極性化現象(group polarization)とも呼ばれます。これは討議の流れが、代理店の経営を危うくするような危険性の高いことを決定してしまうことになってしまったり、もしくはより保守的な決定、すなわち、やりたくないから新たなことに挑戦しないように傾斜してしまったりしていく組織の空気を言います。これらは、インターネットの掲示板や特定の集団が、社会から孤立した状況の中で重要な合意形成を迫られている時などに起こりやすいものでもあります。

　このような風土を放置しておくと、たとえば、ネットの自殺願望を持った人たちの掲示板が自殺幇助をする人たちを生み出してしまったり、あるいは代理店なら、ワンマン社長とその取り巻き幹部による放漫経営を、みんなわかっているのにおかしいと言わず、結果として会社経営が破綻してしまったりすることにつながります。

　このようにリスキーシフトは、集団で決めたことが、個人で考えるよりも危険性の高い決定になってしまうことを言います。たとえば、

ネット上で誰か一人を集中攻撃したり、サイトが炎上してしまったりする現象もリスキーシフトの代表例であり、学校などでもしばしば問題になる「集団いじめ」や「集団暴行」もその一つと言えます。

　リスキーシフトと同様、危険な組織風土として挙げられるものが、社会的手抜きです。

社会的な手抜き

　「社会的な手抜き」は、集団で共同作業を行うときに一人当たりの課題遂行量が人数の増加に伴って低下する現象を言います。これは、「リンゲルマン効果」「フリーライダー(ただ乗り)現象」「社会的怠惰」とも呼ばれるものです。代理店内において社会的な手抜きが発生する要因には、環境要因や心理的要因から発生する動機づけの低下があると言われています。具体的には、以下のようなことです。

- ・組織の中で、自分だけが評価されないと考えられる職場環境
- ・自分の努力にもかかわらず、報酬や評価は何も変わらないなど、努力してもしなくても同じと感じられる環境
- ・みんながあまり努力をしない組織の中では、自分だけが努力するのは馬鹿らしいという心理から、みんなの努力水準に同調してしまうことが起こっている場合
- ・一部のやる気のない社員の影響によって緊張感が低下したり、注意力が散漫になったりするなど、自己意識の低下がパフォーマンスに影響を与えるメカニズムが働いている場合
- ・改善に向けての会議にもかかわらず他人事のような後ろ向きとも言える態度が充満する状況

　このような予兆が出はじめると、社会的な手抜きがその代理店に蔓延しはじめるのです。意外なことに、社会的な手抜きについての理論

から考えると、保険代理店の組織が大きくなるほど一人あたりのパフォーマンスが低下し、組織全体の生産性が頭打ちになると考えられます。

　ちなみに、日本のような東洋文化圏は集団主義的社会であり、欧米文化圏は個人主義的社会と言われ、社会的な手抜きがそうした文化や国民性に影響されるのか、さまざまな研究が行われてきましたが、学問的には一貫性のある結果は出ていないとのことです。しかし、年齢差、男女差の研究では、集団内での性的役割などの固定観念（ステレオタイプ）が、内的要因として動機づけやパフォーマンスに影響を与えている可能性が考えられており、ある実験では、男女が同じ集団を構成した場合、男性の方が手抜きをする傾向があると報告されています。

　また、社会的な手抜きに関しては、リンゲルマンによる実験が有名です。20世紀初頭のフランスの農学者マクシミリアン・リンゲルマンは綱引き、荷車を引く、石臼を回すなどの集団作業時の1人あたりのパフォーマンスを数値化しました。実験の結果、1人の時の力の量を100%とした場合、

　・2人の場合は93%

　・3人では85%

　・4人では77%

　・5人では70%

　・6人では63%

　・7人では56%

　・8人では49%

と1人あたりの力の量は低下することがわかりました。リンゲルマンは集団が大きくなるほど集団全体のアウトプットと個人のアウトプットの合計の差は拡大する、つまり、人が多くなればなるほど手抜きが増えるということを明らかにしました。これはリンゲルマン効果と

言われています。

　ほかには、ラタネとハーディの実験というものもあります。目隠しとヘッドフォンを着け、互いの行動がわからない状態にした2人1組のチアリーダーたちを、衝立を挟んで座らせ、単独での条件とペアでの条件で大声を出してもらい、騒音計で音量を計測する実験をしたところ、ペア条件での音量は単独条件の94%の音量しか出ず、手抜きをしていたということがわかりました。

　しかし、実験後の被験者たちはどちらの条件でも全力を尽くしたと思っていたと言ったわけです。

　昨今、代理店の統合や大型化は進んでいますが、このような社会的な手抜き（神輿を担いでいるふりをしてぶら下がっている状態）が組織のパフォーマンスや生産性を悪化させるということが起こっているような気がします。知らず知らずのうちに代理店の組織風土を悪くする、リスキーシフトや社会的な手抜きが生み出される兆候が代理店の中に現れていないか、注意深く観察していくことが大切だと思います。

「べき論」の横行

　イノベーションを起こすことのできない組織によく見られる病巣には、前節で説明したリスキーシフトという状態がありますが、さらに言えばシュッドイズム＝「べき論」が横行している状態もよく見られます。そこでここでは「べき論」について考えてみましょう。

　仕事やビジネスにおいてコミュニケーションを良くしていけば、効果的に人や組織を動かすことができ、成果も上がります。そこで、どのように言えば、部下たちの心に響くのか、動いてもらえるのかということを考えなければなりませんし、それはとても重要なことのはずです。

　よく耳にするのが「べき論」を言い放つタイプのアドバイスです。「べき論」の横行する組織には必ずといっていいほど押しつけ系の上司や

同僚たちがいます。「こうすべきだ！」とスパッと言い切る「べき論」は、言う方は気持ちがいいかもしれませんが、受ける側からするとほとんどの場合、厄介なものにしかなっていないことも多いわけです。そこでここでは、以下について考えていきます。

・「べき論」とは何か？
・なぜ薄っぺらい「べき論」の押しつけは厄介なのか？
・「べき論」を実践的なアドバイスに変えるにはどうすればいいか？

【べき論】
《『べき』は助動詞『べし』の連体形》義務を果たすこと、理想を実現しなければならないことなどを強く主張する論調。「そうするべき」「こうあるべき」という言い回しから。（「デジタル大辞泉」より引用）

「義務や理想を実現しなければならない」というのは、とても強く、正しく、魅力的な言葉です。義務はそもそも果たすものですし、理想も実現した方が好ましいに決まっています。そこで、ビジネスのさまざまな場面で放たれがちな「べき論」の押しつけが厄介な理由を考察していきます。

　言う側からすると「正しいことを言ってやった」というのは、爽快な気分になりますが、パッと見では正しいと思えることも、物事を部分的に切り取ったうえで、話されていることも多くあるものです。もちろん、ときには本質をとらえた正しい「べき論」に出会うことはありますが、それはまれなことです。

　では、具体例を挙げながら、安易な「べき論」がいかに厄介かを考えていきましょう。状況を正しくとらえていないのに正しく聞こえてしまう3つの「べき論」の事例を紹介します。

　いずれも、言っていること自体は正しいことです。しかし、現実的には、そうとも言い切れない場合も数多くあります。たとえば、

- 「常にプラス思考でいるべきだ」
→ 昨日、最愛の家族を亡くしたばかりの人にそう言えるでしょうか？
- 「政治家は国民感情に配慮すべきだ」
→ その感情的批判への対応にばかり目を向けていると、本質的な政策議論にたどり着かないことはありませんか？
- 「高齢者には席を譲るべきだ」
→ 徹夜で疲労困憊の仕事明けの人に、これから登山に行こうとする健脚老人が言ってもいいでしょうか？

　このように、状況を正しくとらえると、言葉としては正しい「べき論」も正しくなくなる場合があります。代理店でもよく見られる、社長からの紋切り型で放たれる「べき論」のほとんどは、「実際にどうなの？」という視点で冷静に考えれば、おかしなことも多いわけです。

　そんな「べき論」に終始する組織では、社長の話が具体的なアクションに落ちていくことはありません。具体的にどうすればいいか？という議論ができなくなっているのです。

　すなわち、「べき論」を言うタイプの人たちは、個別の事情を察することもなく、「俺の言っていること自体は正しい」と頑なに自分の意見を押し通そうとし、周囲は、その表向きは正論であることに反論できません。「べき論」を言いがちな人の共通点は、具体的なアクションのレベルまで考えようとする姿勢に欠けていることが多いものです。

　そのため、もし「べき論」を言う人が顧客のキーパーソンだったり、社長や上司など無視できない人だったりした場合は、なぜその「べき論」は今回通用しないのかを、相当なエネルギーを費やし、かみ砕いて説明していかなければなりません。

　たとえば、「社長がおっしゃることはよくわかりますが、今回はこれこれの事情があり、具体的なアクションや実現性まで考慮するとう

まくいかないと思います」とか、「社長がおっしゃることを受け入れてアクションプランを練ってみましたが、どうしても無理が生じ、余計にコストがかかることがわかりました。そのコストをかけてまでもやるべきでしょうか？」などというように、手を変え、品を変えて説得をしなければなりません。そもそも頑なな人を納得させるには、大変な時間と手間がかかりますし、このように説明にかけるエネルギーは、ビジネス的に価値を生むものでもなく、逆に生産性を悪化させることになりかねません。

　一方で、「べき論」を言われた側も、ブレてしまう場合が多く見受けられます。的外れな「べき論」であっても、言葉自体は正しいように聞こえてしまうため、受ける側も「あ、そうかも」と安易に思ってしまう場合です。

　コミュニケーションがきちんととれていない代理店に一番ありがちなのがこのパターンです。「その考えは、おかしいですよ、なぜなら……」という説明が、このような人間関係の悪い代理店ではきちんとできないからです。もし、万が一、そういう「べき論」を言う人が、事務のリーダーや営業の管理職などの立場にいた場合も大変面倒なことになります。

　社長がそのような意見に対してきちんと反論できず、見過ごしてしまえば、代理店全体が本来進むべき方向から外れてしまうことになります。そうなると、もう目も当てられません。だからこそ、「べき論」が飛び交うような、「べき論」を放置するような組織風土は厄介なわけです。

　次に、「べき論」押しつけ系の人たちの被害を回避するための３つの逆質問を紹介します。「べき論」的意見を押しつけられた際に、ぜひこれらの質問を使ってその内容を検証してみてください。キーワードは、「状況」「アクション」「実現性」です。

　１つめは、「なぜそうすべきなのか？」という質問をすることです。「なぜ？」を掘り下げることで、その「べき論」を検証するのが狙

いです。「なぜ？」という問いを通じ、その「べき論」は、そもそも
どんな状況であれば有効なのか、自分(相手)の状況と照らし合わせて、
その「べき論」は適用可能かを明らかにすることです。

　このようなことにより、スタッフ相互を取りまく環境や心身の状態
を正しく理解していないことで発生する「べき論」を排除できます。「な
ぜそうすべきなのか？」に対して、明確な答えが出せない(出てこない)、
答えはあるが自分(相手)の状況と合わないのであれば、その「べき論」
は有効と言えません。「べき論」的アドバイスを受けた、もしくはす
る際は、一瞬立ち止まって「なぜ？」を繰り返してみることはとても
大切です。

　２つめは、「具体的にどういうアクションを取ればいいのか？」と
質問することです。「べき論」は理想論的なことが多いため、具体的
なアプローチやアクションまで考えられていない場合がほとんどです。
先に挙げた例で言うと、「常にプラス思考でいるべきだ」「政治家は国
民感情に配慮すべきだ」は、「具体的にどうすればいいの？」と聞き
たくなります。「べき論は言うけど具体策は考えていない」的な指示
ほど無責任なものはありません。「こうすべきだ」と「こうすればで
きる」を同時に議論する方が、より建設的です。

　３つめは、もう少し踏みこんだ質問です。「その考えをアクション
に落としたとして、現実的に実行可能か？」を問います。義務や理想
を語るのは簡単ですが、それを現実にするのは難しいものです。特に
ビジネスの場では、お金や時間などの制約により、理想をすべて実現
できない場合がほとんどです。もし実現不可能なアクションしか出て
こないなら、その「べき論」は非現実的なアドバイスだということ
になります。「べき論」にひもづく具体的なアクションを思い浮かべ、
もしくは実際に聞き、実現性を検証するステップを踏むことで、その
「べき論」は実践可能なアドバイスに変わります。その際の議論のプ
ロセスとしては、

・アクション実現を阻む課題は何か

・それらをどのように解決していくのか

・かかる期間と労力はどの程度か

・どのくらい投資する価値があるのか

といったように、可能であることを前提とした前向きな議論が重要となります。

　重要なことは、相手に聴く耳を持ってもらえるため、そして状況を正しく把握するための前向きな方向性です。１つめの質問は、相手をとりまく状況をリアルに理解していないと答えられません。２つめと３つめの質問は、相手の使える時間や労力、得られる協力などを把握していないと答えられません。

　互いにどうしても正論を言いたければ、結局はきちんと相手の立場に立ったうえ（これを本来の忖度と言います）で、「べき論」を議論することです。

　これらの３つ質問すべてに答えられるのなら、それは実践的な「べき論」と言えます。どちらにせよ、働きたくなる職場づくりのためには、効果的なコミュニケーションが行われる組織風土づくりが何より大切なのです。

大きな病巣となるアバウトイズム

　ここではさらに問題となる「アバウトイズム」について考えてみましょう。アバウトイズムというのは別の言葉に置き換えると、「そっちこそどうなんだ主義」という感じでしょうか。組織内で自分の発言や行動に対して、周囲から批判あるいは指摘されたときに、「そっちこそ○○じゃないか」「じゃあ、そういうあんたはどうなんだ」と、切り返す論法を「What about ism」と言います。

　このように、相手や他人の弱みにつけ込んで話を切り返し、論点を

すり替えることで、直接答えることから逃げる論理的誤謬（ごびゅう）のことで、旧ソ連や最近の中国のプロパガンダで多用されていると言われる手法です。

つまり、アバウトイズムとは、何の解決にもつながらない詭弁（きべん）の応酬を組織内に巻き起こす、非生産的な考え方をする人たちの集団の、目に見えない組織風土の病巣のことです。わかりやすい日本語に直すと「そっちこそどうなんだ主義」と言い換えられます。

しかし、これは多くの組織や代理店に、特にうまく回っていない組織や代理店の社長によく見られる共通の行動パターンです。そもそも、代理店にも保険会社にも完璧な人などいません。だから、「この中で、業務で失敗したことのない人だけ発言してください。それ以外の人は黙っていなさい」とか、「以前失敗したんだから、そんなことを言う資格はない」と責め立てられたら、自由に発言できる人などいるのでしょうか。

いろいろな代理店をよく観察してみると、組織をバラバラにしてしまうタイプの人たちは、見事なほどこのような論法を使っています。組織内に完璧な人などいないのだから、そっちこそどうなんだ論法、すなわち「あなたはあのときこういう失敗をしたのに、よくそんなことが言えるね」とか、「あなたは会議に遅刻したくせに、そんなこと言えるの」とか、「偉そうに発言しているけど、あなただって数字が上がっていないじゃないか」などと言えば、いくらでも問題をすり替えることができ、相手を攻撃し、黙らせてしまうことができます。

そもそも完璧とは一定のルール内、フレームワーク内で限定してこそであって、そのルールそのものや、考え方の構造などを定義し直せば、どんな完璧に見えることであってもいくらでも批判返しができるものです。

このような、「そっちこそどうなんだ論法」を使う人を放置していたり、そのような風土の組織では、問題点を正面からみんなで話し合うことができず、そもそも論をベースに相互に批判し、批判され、延々

と「恨み」「憎しみ」「欺瞞」を膨らませ、心の闇をひきずったまま、一人ひとりの心のしこりが何年も拡大し続けるのです。

　組織分裂を引き起こしてしまうたぐいの代理店には、必ずと言っていいほどこのような発言をする社長、幹部、募集人、事務員などがいるものです。そんな状況では、その組織の生産性が向上することはないし、営業成績など上がるはずもないのは自明の理です。

　このように自由にものが言えないギスギスした代理店の組織風土を変革しようともせず、ただひたすら目先の営業数値のことだけに目を向けていたのなら、いつか代理店は崩壊してしまいます。では、このような状況を変えていくにはどうしたらいいのでしょうか？

　自分で「自分ができていない」と言うことはいいとしても、他人に「おまえはダメだ」と言われたのでは腹が立つし、「そっちこそどうなんだ」と言いたくなるのは普通のことであり、アバウトイズムで反撃したくなります。自分が間違っているのは理性では理解できても、感情的に「お前には絶対言われたくない」というように思うからです。

　そこで、ただ周囲に対して攻撃を切り返すことばかりを考えるのではなく、自分を顧みて反省することを行い、すこしでも仕事がきちんとできるように努力したり、周囲の人に優しくしたり、知性や特技を磨いたりしつつ「そういう自分こそどうなんだろう」という振り返りを同時に行うようにすれば、何年も何年も正義感コンプレックスの闇に引きずり込まれて、泥沼に陥ることはなくなります。

　これまでのことをまとめると、このような組織風土を改善する時の合い言葉（ポイント）は、「人は憎まず、仕組みを疑え」です。互いに誰かの欠点を攻撃するのではなく、その人がそういう行動をとってしまうのは組織として仕組みに問題があるからだというコンセンサスを、絶えず確認し合うということが大切なのではないでしょうか。

良い話し合いの方法を知る
——プロの進め方を学び会議の質を高める

　ここではコミュニケーションの基本となる「話し合いの進め方」について考えてみます。

　良い話し合いのためには、話し合いのプロセスをきちんと分析できることが必要となります。この話し合いのプロセス分析の手法としては、メンテナンス（良い雰囲気づくりができているか）、インディビデュアル（個々の感情コントロールができているか）、タスク（分析や掘り下げレベルは高まっているか）を評価するMIT分析（153頁参照）などがありますが、こうした知見もそれほどなく、会議の進め方そのものを学んでいない代理店の社長や幹部がファシリテーターをやっても、話し合いの効果は上がらないものです。

　素人っぽい話し合いを何度繰り返しても、イノベーションを起こすことができるような建設的な話し合いは起きません。基本は、経験や勘ではなく、実際のデータやツールを使用した対話、ディスカッションを織り込んでいくと、メンバー全員が話し合いを進めるうえでの基礎を身につけることができるようになると言われています。

　視点を変えてみましょう。まず、話し合いにはいろいろな種類があることを知らなければなりません。よく使われる代表的なものとして「会話」「ディスカッション」「ディベート」「ダイアローグ」が挙げられます。

　ディスカッションには、日本語で言う「討議」という意味合いがあります。加えて、情報の交換や共有、アイデアの出し合い、さらには1つの問題を解決するために協議するといった意味もあります。私たちが日常討議と言わず、英語のままディスカッションという言葉を使用することが多いのは、基本的に日本人は問題を解決するときにグループで話し合う考え方が比較的苦手で、「討議」というと、「討論」というようにとらえてしまうことが多いからだと言われています。

また討議の形としては、グループディスカッションがよく使われますが、似たものとして、ディベート、すなわち日本語で言う討論という形態もあります。このディベートとディスカッションにはどのような違いがあるのでしょうか。ディスカッションは、話し合いにおいて互いのアイデアを出し合うことが主体ですが、ディベートは、論理的思考とそれに基づく主張の戦いが主となり、言葉で相手をやっつけるという意味合いが強くなります。

　ダイアローグは、日本語では「対話」と訳しますが、自分と異なる見方や考え方にお互い耳を傾けることを言います。組織においては、相手を言葉でやり込める必要はそれほど多くありません。メーカーの商品開発などのプロセスでは、フリーディスカッションなども有効とされますが、保険代理店で必要とされるのは、この対話なのです。

　そして、代理店における話し合いが、「どうする」に終始するのではなく、たまには「どういう話し合いの状態になっているか」に目を向けなければなりません。「正しい答え探し」ではなく、「より正しい答えを導き出せるようにできるためのプロセス」に目が向く組織にしていくことが大事なのです。

　そのようなプロセス思考をどう組織において習慣化させていくのか？　メンバー全員の「興味関心を高め」→「認識と洞察を深め」→「思考を高度化し」→「的確な判断ができるようになる」ためのファシリテーターの能力向上や、自組織における話し合いの進め方そのものについての知識を高めて学習することこそが不可欠なのです。

　何回も会議をやっているのに、成果が出せない、風土が良くなっていかない代理店は、そもそも話し合いの進め方そのものに問題があるのだということに気づかなければならないのです。そのためには、全員で会議の進め方を見直す対話をし、会議終了後、互いに「興味関心を高め」→「認識と洞察を深め」→「思考を高度化し」→「的確な判断ができるようになる」ことが、どの程度できているかについて、簡単なアンケートを取り、それぞれの項目についての評価をして、とき

には時間をかけてでも会議のあり方をみんなで振り返ってみてはいかがでしょうか。顧客との対話にも、その経験は活かされるので、営業成績にも確実につながると思います。

損保ジャパン日本興亜保険サービス
（現 損保ジャパンパートナーズ）

経営デザイン認証への道のり

損保ジャパン日本興亜保険サービス　常務取締役　馬場信明
(2020 年 3 月現在)

経営品質との出会い

「損害保険ジャパン日本興亜保険サービスは、私の知る周りの代理店から何と呼ばれているか知っていますか？　たこ部屋（炭鉱などの劣悪な飯場＝いかに早く抜け出すかばかりを考えているような）代理店と言われているんですよ」。

当社と経営品質の出会いは、望月さんとの出会いにほかなりません。経営品質賞については、多少の知識はありましたが、たまたま参加させていただいた望月さんの講演会で、大きな衝撃を受けました。冒頭の言葉は、当社に対する誹謗でも中傷でもなく、紛れもなく当社の現状そのものでした。この講演会をきっかけに、望月さんにご支援をいただき、当社の経営品質への取り組みがスタートしたのです。そして、2019 年には、経営デザイン認証を取得することができました。一歩一歩ですが、これからも 10 年後のありたい姿に向け、皆で議論しながら取り組みを進めていきたいと考えています。

当社は、主に親会社である損害保険会社およびグループ会社の福利厚生の一部を担うことを目的に設立された会社（保険代理店）でしたが、保険業法の改正による募集環境の激変や委託型募集人の制度見直し等を踏まえ、主にプロ代理店を中心に廃業される代理店のみなさんや、

いわゆる三社間スキームに移行される代理店のみなさんの受け皿として機能役割を拡張し、急激な規模拡大を遂げていました。

　そして、業容の拡大に伴い、社員数も急増していました。当時は、増え続ける保険契約の対応に追われ、とにかくお客さまにご迷惑をおかけしないよう社員全員が必死に対応していました。会社経営としても、規模の拡大が早すぎて、次年度の事業計画を策定するのがやっとで、中期長期的な経営計画を策定することもままならない状況で、会社としての方向性も明示できていませんでした。厳しい言い方にはなりますが、経営品質を語れるレベルではなかったと思います。

　このような状況でしたから、ほかのプロ代理店のみなさんからみれば、「あの代理店に入ってしまったら、たこ部屋に入るのと同じ」と思われても仕方がない状況だったかもしれません。しかし、一方で若手社員を中心に、お客さまから「ありがとう」のお言葉をいただくことを仕事の喜びと感じる社員が多数在籍していることが、当社の大きな財産であり強みであることに、経営品質の取り組みを進めていく中で気づかされることになります。

当社が大切にする価値観の策定

　初年度の研修プログラムでは、経営品質を受賞した企業を中心とした豊富なケーススタディを通じて、当社との違いや気づき、具体的にトライすべき課題の洗い出しなどをグループダイアローグ形式で対話をし続け、そうした対話の中から、当社が大切にしている価値観や強みが何なのかが少しずつ浮かび上がってきました。

　それまでは、グループ会社共通の経営理念やビジョンはありましたが、当社独自の経営理念やビジョンはなかったので、第一線の社員を中心としたプロジェクトチームを立ち上げ、当社が大切にする価値観を検討することになりました。このプロジェクトから当社の行動指針である「お客さまへの誓い」(お客さまの「声」に共感します。お客さまの「想い」を叶えます。お客さまの「暮らし」に寄り添います)が生まれることにな

ります。

　また、ケーススタディを通じて「社員を大切にすること」の大切さ
に気づくことができました。お客さまから感謝・信頼され、働きがい
や成長を実感し、会社がレベルアップすることで、さらにサービスを
充実していく好循環サイクルをつくるためには、社員のやりがいや成
長が一番のベースになります。

　そこで、「私たちは、事業活動に関わるすべての「人財」を大切にし、
その働きがいと成長を支援し続けることで、お客さまにご提供するサ
ービス品質を高めるとともに社会に貢献します」と定め、勇気と覚悟
を持って従業員をすべての中心に据え、支援し続けることを会社がコ
ミットすることにしました。

　こうして、当社が大切にする価値観やビジョンが明確になることで、
徐々に経営の方向性が形づくられていきました。

「お客さまへの誓い」の行動実践を果たす
強い組織づくりプログラムのスタート

　翌年度からは、「お客さまへの誓い」の策定を受けて、経営品質研
修を「お客さまへの誓いの行動実践を果たす強い組織づくりプログラ
ム」として取り組みを進めました。

　お客さまから感謝・信頼され、社員が働きがいや成長を実感し、会
社がレベルアップすることで、さらにサービスを充実していく……こ
のような好循環サイクルをどのようにつくっていくか。10年後のあ
りたい姿は、どのようなもので、そこから逆算したときに、今年は何
に取り組むべきなのか。こうしたテーマに、当社の全役員と本社の全
ての部長が参加し、対話を重ねました。

　これまでは会社の経営計画は、本社の経営企画部を中心に一部の社
員が作成していましたが、組織の壁を越えて数多くの社員がゼロから
会社の方向性を議論し経営に関する計画の策定に参画することは、当
社にとって初めての経験でした。はっきり言って成果物は、まだまだ

熟成されたレベルにはありませんが、全員の熱い議論で1つの成果物ができ上がったことは、当社にとって大きな自信になりました。

経営デザイン認証へのチャレンジ

　このように当社独自の「お客さまへの誓い」は、全役職員の意見からつくり上げましたが、まだまだ全社に浸透しているとはいえない状況でした。この価値観を浸透させていくためには、社員の参画意識が必要不可欠であると考え、毎年全国で一斉に基本行動の振り返りを行い、その声をもとに年単位で見直しを行うこととしました。

　また、経営品質への取り組みを通じて学んだ経営のストラクチャーを定着させ、たとえ経営陣が変わっても好循環サイクルのPDCAの仕組みをしっかりと持続していくために、経営デザイン認証を活用することにしました。そこで、認証取得に向け、「お客さまへの誓いの行動実践を果たす強い組織づくりプログラム」と並行して、プロジェクトチームを立ち上げ、取り組みを開始しました。当社の歴史の振り返りや、競合他社との比較、お客さまの求めるものの変化など、複数の視点で、当社の強みを探る過程を通じて、経営の羅針盤が形づくられていくことを実感しました。

　特に、我々が目指すありたい姿から、逆算して経営の設計図をデザインするプロセスは、大変新鮮なアプローチでした。認証取得のために作成した経営設計図は、今後の経営戦略策定に活用できるだけでなく、次世代のリーダーと共有することで、経営をスムーズに承継できることも期待できると思います。

これからの取り組み

「お客さまへの誓いの行動実践を果たす強い組織づくりプログラム」は、2019年度下期より「経営計画検討会」と名称を変更し、役員・本社部長全員が集まり、将来のありたい姿の具体化や、そこに向けて取り組むべきことは何なのかを、時間をかけてディスカッションする

とともに、それらを中期経営計画や事業計画に反映する取り組みにチャレンジしています。

この取り組みがPDCAとして定着することによって、「お客さまへの誓い」の実践が進み、社員の働き甲斐と成長がお客さまにご提供するサービス品質向上につながり、社会貢献につながっていく好循環が確立されると確信しています。

そして、全社一丸となって成長する過程を通じて、他のプロ代理店のみなさんから、当社が「たこ部屋代理店」ではなく、お客さまの喜びを社員の喜びとするプロフェッショナル集団として、共感とご評価をいただける代理店となれることを信じて、経営品質の向上に向けて大いなる期待をしています。

ビジョン・戦略策定に
不可欠な理論を知る

多角化を考える際に役に立つアンゾフモデル

　ここからは、今後の代理店経営にも必要となるビジョンや戦略策定のための基礎知識について紹介します。

　昨今の保険代理店は、いろいろな意味で多角化をはじめています。具体的には、損害保険から生命保険、住宅ローンの代理店、出会いの場提供の婚活、移動スーパー、喫茶店、餃子店、レンタカー、自動車整備工場などさまざまです。

　そこで成長戦略を考え、多角化戦略を検討する際に役に立つ基本知識としてアンゾフの成長マトリックスについて説明しましょう。

　そもそも多角化戦略とはどのようなことを言うのでしょうか？　保険代理店を企業として発展させようと思った場合、とるべき戦略の意図によって、その方向性は大きく変わりますが、戦略の基本を知らずにいろいろなことに手を出すと、経営資源の無駄遣いが起こり、事業の拡大は成功しません。そこでまず、多角化を考えるときの基本について説明します。

　多角化には、保険代理店の取り扱う商品の幅を広げることも含まれます。したがって保険代理店以外をやるつもりはないという方であっても、知っていて損はありません。アンゾフの成長マトリックスとは、経営学者イゴール・アンゾフが提唱した、企業の事業ドメインを「製

品が既存か新規か」「市場が既存か新規か」の二軸で分けた4つの象限のことです。

アンゾフは1965年に出版した『戦略経営論』において、企業が経営戦略を立てる際に狙う市場と扱う製品を軸に事業を成長させる4つの戦略を提唱しています(図表5)。

図表5 アンゾフの成長マトリックス

		製品(商品・サービス)		
		既存	新規	
顧客・市場	既存	②市場浸透戦略	①新製品開発戦略	
	新規	③新市場開拓戦略	a.水平型多角化 ④多角化戦略 c.集中型多角化	b.垂直型多角化 d.集成型多角化

では、それぞれの象限の戦略を順に考えてみましょう。

①第1象限：新製品開発戦略

　既存の市場で新しい製品を販売し、事業拡大を目指したいと考える企業は、新製品開発戦略が有効です。新製品開発では、新製品を既存のものとどう差別化するか、どう付加価値をつけるかなど製品自体やその周辺に対する戦略を練ることになります。定期的に新しい味が登場するお菓子やカップヌードルなどのインスタント食品などがこれにあたります。

　保険業界で付加価値の高い新商品と言えば、東京海上日動の生損保

一体型保険「超保険」のような商品開発が該当しますが、同質性が強いため、一般的には長期間他社に差別化できる商品開発はなかなか難しいのが現状です。

②第2象限：市場浸透戦略

　活動を展開する市場と保険商品の両方とも既存の領域で営業しながら事業拡大を目指す企業には、市場浸透戦略が有効です。市場浸透戦略の基本は、商品の購入頻度や購入量をいかに高めていくかというアプローチが戦略の柱となります。たとえば、普通のアイスをもっと売ろうと考えた場合、テレビCMで「部活後に食べるアイス」という新たなイメージを訴求し、今までにない消費行動を喚起し、消費者に定着させていく手法です。保険代理店で言えば、自動車保険の単価アップを図ることなどが戦略の柱となっている場合です。

③第3象限：新市場開拓戦略

　既存の製品で新しい市場に参入しようとする企業は、新市場開拓戦略が有効です。新市場開拓では、参入しようとしている市場の見極めが戦略決定に欠かせません。アンゾフはこの新市場には2つの種類があり、1つは地理的に新しい市場、もう1つは地理的には同じであってもターゲットとする顧客が違う、というものです。たとえば、前者は、日系企業の家電製品を海外で販売すること、後者は、女性用化粧水を男性用化粧水として売り出していくようなことが挙げられます。したがって、参入しようとしている市場を見極めてから、どのように商品を打ち出していくのかを決めていくことが大切になります。

　保険業界で言えば、市や県をまたぐ営業所の開設や、損保代理店が個人マーケット主体から法人マーケット開拓に乗り出すような場合が考えられます。

④第4象限：多角化戦略

　新しい市場で、新しい製品を販売していく企業は、多角化戦略をとります。ここに位置づけされる多角化は、「水平型多角化」「垂直型多角化」「集中型多角化」「集成型多角化」の4つの種類があり、自社の状況に応じてどの多角化戦略が適当か考察する必要があります。そして多角化戦略は、既存事業をベースにした他の3つの戦略よりも事業間の関連性が低いため、リスクがより高くなる戦略と言われています。

　そのリスクを乗り越えて多角化に成功した場合、事業規模はより大きく広がり、新しい軸の事業が増えたことにより、会社全体のリスクが減るなどメリットが魅力であり、自社の存続のため、積極的に多角化していく姿勢をみせる企業も見受けられます。保険代理店が移動スーパーや婚活事業、レストランに進出するというような事例が当てはまります。しかし、外れた場合のリスクもかなり大きくなります。

　では、多角化戦略の4つの種類について見ていきましょう。

　アンゾフの成長マトリックスにおいて、多角化は以下のような視点で考えられると言われています。

a. 水平型多角化(関連製品ライン多角化)

　水平型多角化は、同じ分野で事業拡大を目指す多角化です。たとえば、冷蔵庫メーカーが同じ顧客層に対して、電子レンジを製造販売していく戦略などが挙げられます。既存事業と同じ分野で多角化を図る分、成功しやすく、他の3つの多角化に比べて安全な戦略です。

　保険で言えば、自動車保険だけの代理店から、第三分野など新たなマーケット開拓を行うことを主流にする場合です。

b. 垂直型多角化(関連機能多角化)

　垂直型多角化は、既存製品に対する川上(製造)や川下(販売)ま

で事業規模を拡大する戦略です。具体的には、食品メーカーが飲食店を出店するなどが挙げられます。川上や川下、もしくはその両方の多角化に成功すると、既存事業の市場シェアを拡大できるほか、安定した収益を見込むこともできるでしょう。反面、川上から川下も押えていく戦略のため、市場に悪影響があると大きく打撃を受けるリスクがあることに注意が必要です。

　保険代理店で言えば、ブローカーになって保険の新商品開発を行うということなどです。

c. 集中型多角化(同心円的多角化)

　集中型多角化は、既存製品やサービス、そしてチャネルなどに経営資源を集中させることで、新製品・サービスを開発し、新しい市場へ参入していく戦略のことです。既存製品・サービスとの関連づけにより、顧客の心理的ハードルを下げる効果を狙うことができます。たとえば、Amazon music や Amazon Fresh など、さまざまなサービスを打ち出している Amazon.com がわかりやすいでしょうか。

　保険代理店で言えば、住宅ローンの代理店、レンタカー、自動車整備工場もやるというようなことです。

d. 集成型多角化(コングロマリット型多角化)

　集成型多角化は、コングロマリット型多角化とも言われ、既存事業とまったく関係のない市場に参入していく多角化戦略です。4つの多角化の中でも既存事業との関連性を持たせない分、リスクが高いですが、その分成功した際に企業として新たな事業誕生によるリスク分散を図ることができます。

　保険代理店で言えば、喫茶店やレストラン、移動スーパーマーケットをやるというようなことです。

いかがでしょうか。アンゾフの成長マトリックスとそのうちの多

角化戦略について解説してきましたが、企業の事業戦略を分析する際は、アンゾフの成長マトリックスに当てはめると考えやすいと思います。あなたの会社は今どのような事業方針をとっているのでしょうか？　経験や勘を否定はしませんし、重要であり、それを活用しつつも、このような戦略の基本をきちんと学習しながら将来のことを考えている代理店が登場している時代になってきているのです。

PPM の重要性を知る

　PPM（プロダクト・ポーフォリオ・マネジメント）とは、市場占有率を横軸に、成長性を縦軸にとって製品や事業を分類し、組み合わせて、各々の分野に対する戦略を決定する手法です。これは代理店の経営にとって不可欠な要素となっています。私が代理店のコンサルティングや研修でベースとしている考え方の重要なものです。

　それでは詳細に説明していきましょう。

　PPM は、戦略コンサルティング会社で著名なボストン・コンサルティング・グループが 1970 年代に提唱したフレームワークです。企業のそれぞれ独立した事業において、利益の出しやすさ、投資の必要性などの観点から余剰な経営資源を見出し、どこにどれだけ分配するかを決定するために用いられます。

　保険代理店においては、この考え方を、損保事業・生保事業や戦略顧客のセグメンテーションに当てはめると、とてもわかりやすくなります。個人顧客においても法人顧客においても、「市場成長率（縦軸）」と「自社の強みが発揮できるかどうか＝シェアや販売割合（横軸）」によってプロットすることができます。

　そして、PPM の 2 つの軸から 4 つの象限に分けて考えると、とてもわかりやすくなります。

　これらの 4 つは、「花形（Star）」「問題児（Problem Child）」「負け犬

(Dog)」「金のなる木(Cash Cow)」と呼ばれています(図表6)。

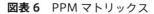

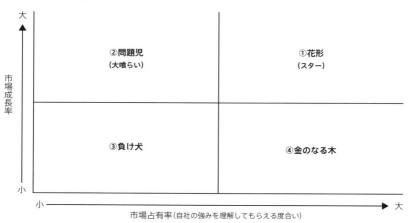

各象限を簡単に説明すると以下のようになります。

①花形──継続的に利益を上げる最重点顧客層としておつき合いし、
　お金も時間もかけていく層(セグメント)
②問題児──今はまだそれほど大きな取引はできていないが、成長
　性の高い顧客群(セグメント)で、お金と時間をかけて、代理店経
　営を支えてくれる花形に育てていく層(セグメント)
③負け犬──これ以上つき合っても、自社の良さはわかってもらえ
　ないし、成長性もない群で、時間をかけたりお金をかけたりして
　はいけない層(セグメント)
④金のなる木──長年稼げるだけ稼がせていただいたおかげで利益
　を得ることができたが、これ以上エネルギーはかけない層(セグメ
　ント)

このようにPPMを用いて、自社の法人、個人それぞれの顧客群を2軸上にプロットし、それぞれの象限に入る顧客群への経営資源の分配を考える必要があります。代理店においてPPMを使いこなすためには、PPMの2軸の意味と、その2軸が創り出す4つの象限の意味や特徴をしっかり理解しておく必要があります。

それでは、PPMの2つの軸「市場成長性」と「自社の強みを理解してもらえる度合い」について理解を深めていきましょう。

1. PPMの「市場成長率」とは

成長している事業・顧客セグメントは、代理店にとって魅力があります。市場成長率が高ければ、新規開拓がしやすく、ある一定の市場シェアを獲得していくだけで、売上は右肩上がりになります。一方、市場成長率の高い事業や顧客群では競争も激しくなります。したがって、市場成長率が高い顧客セグメントをメインターゲットとする場合では、積極的な投資(代理店において、特に人的エネルギー・時間と経費を配分すること)が必要になります。

もし市場成長性が低ければ、すでにその事業や顧客セグメントは成熟していることを意味します。代理店における自動車保険事業やその単種の顧客セグメントということでしょうか。いまどきその顧客層に対して新たに集中して取り組む新規代理店も多くありませんし、市場シェアの変動も小さく、競争もあまり激しくなりません。したがって、この顧客セグメントをメインのターゲットとしていくならば、積極的な投資は必要ありません。

2. PPMの自社の強みが発揮できる度合い

市場における自社の強みが発揮できる度合い(シェア)では、経験曲線による効率と、スケールメリットが影響します。保険代理店におい

ては一概にシェアで判断できませんので、自社の中における販売割合でもいいし、自社と顧客の親密度の高さでもいいかと思います。大きなシェアや販売割合を獲得している顧客セグメントの場合、同じ商品やサービスを提供している顧客が多いため、その保険商品の販売やサービスの提供において作業効率が良く、ミスの発生率が低くなっているはずです。つまり、経験曲線が影響しており、他社よりも業務効率が上がっているはずです。

　メーカーの場合ならば、よりたくさんつくればつくるほど、生産コストが下がります。他社と同じ価格の製品を提供する場合、スケールメリットにより製造コストを抑えることができます。さらに、市場において大きなシェアを獲得している場合には、経験曲線による効率とスケールメリットが得られます。つまり、市場におけるシェアが大きければ大きいほど、より利益を出しやすくなるというわけです。

3. PPMから事業戦略を導き出す

　PPMの2軸がしっかりと理解できたら、2軸が創り出す4つの象限をよく理解しましょう。それぞれに該当する事業に対しての投資の考え方が導き出されます。引き続き、PPMの2つの軸が導き出す4つの象限について考えていきましょう。

①「花形」への対応

　PPMの「花形」の特徴は、「市場成長率が高く魅力的な市場であるものの、業界における競争は非常に激しい。競争に勝ち抜くためには積極的な投資が必要となる」ということです。さらに、「市場におけるシェアが高いため、事業の利益が出しやすい」ということになります。ここから導き出される花形の事業や顧客セグメントは、利益を生み出しやすい事業や顧客セグメントであるものの、他社との競争が激しく、本事業から生み出した利益は継続的に本事業や顧客セグメント

への再投資が必要であるという結論に至ります。保険で言えば、単価も高く、他種目の契約をいただいており、さらに、お客様なのにこちらの営業マンになってくださっている法人、個人のお客様群です。

②「問題児」への対応

　PPMの「問題児」の特徴は、「市場成長率が高く魅力的な市場であるものの、業界における競争は非常に激しい。競争に勝ち抜くためには積極的な投資が必要である。しかし、市場におけるシェアが低いので、事業の利益がなかなか出しにくい」となります。

　したがって、「問題児」に相当する事業・顧客セグメントには、本事業から得られる利益を本事業に投資する以外にも、他事業で得られた余剰の経営資源を本事業・顧客セグメントに、積極的に投資する必要がある、ということになります。保険で言えば、今は自動車の単種しか契約いただけていないが、ファミリー世帯で将来的なことを考えれば、手間はかかっても単価アップや生命保険も含めた他種目化の可能性を秘めていて、化ける可能性の高い群です。

③「負け犬」への対応

　PPMにおける「負け犬」の特徴は、「市場成長率が低く、魅力度が小さい。新規参入する企業も少なく魅力がないため、市場の競争は緩やかであり、本事業・顧客セグメントへの積極的な投資は必要としない。市場におけるシェアが低いため、本事業からの利益も出ない」ということになります。

　負け犬に該当する事業・顧客セグメントでは、「市場が成熟しており、事業の成長の可能性が低く、あまり大きな利益も見えない。したがって、事業を整理し、経営資源（かけているエネルギー）を『花形』や『問題児』へと分配する必要がある。すなわち、このような顧客セグメントは追いかけてはいけない」という結論が導き出されます。

　保険で言えば、値引きばかり要求し、何度訪問しても当社の良さを

わかってもらえない法人顧客だったり、単身世帯で通販などに簡単に流れ、複数種目化などもまったく見込めなかったりする群ということです。契約落ちも覚悟のうえで、できるだけ長期契約や電話募集に切り替えて、手間をかけないようにすることが必要となります。

　注意を要するのは、この顧客群への対応ばかりにエネルギーを削がれると、本来追わなければならない顧客群への対応ができなくなってしまうことです。いわゆる忙しい割に成果がじり貧になっている募集人や代理店は、このセグメントばかりを追いかけている可能性が高いと予測されます。

④「金のなる木」への対応

　PPMにおける「金のなる木」の特徴は、「市場（顧客群）としての成長率が低く、魅力度が小さい。ここへの新規参入する企業も少なく、市場の競争は緩やかである。本事業への積極的な投資は必要としない。市場におけるシェアが高いため、事業の利益が出しやすい」ということです。

　すなわち高齢募集人の抱える高齢世帯の顧客が代表例で、こちらの良さもよくわかってくれているし、他社に流れることもない、営業に行けばよく話も聴いてくれるが、増収は見込めない群ということになります。依然として大切な顧客群であり、これまで稼がせていただいた大切な顧客です。

　ここから導き出される「金のなる木」に該当する事業・顧客セグメントから得られる収益は、「問題児」の事業や「花形」の事業へと経営資源を振り分けて、それらの事業や顧客セグメントにおける競争力アップを目指すという結論に至ります。

　このPPMのフレームワークを使いこなせば、自社の経営資源をどの事業・顧客セグメントへと、どのように分配すべきかが明確になります。ぜひ一度、法人顧客、個人顧客それぞれに分けて、4つの象限

に顧客群をプロットしてみてください。今後どこに経営資源を配分していくかが見えてくると思います。

なお、PPMはあくまでも一般的なフレームワークです。事業によっては、例外もあります。

PIMSの重要性を知る

経営者による事業の見方として、儲かる仕組みをつくり上げる、すなわち、企業経営に求められる継続的収益力の創造はとても重要な要素です。昨今日本企業は、優れた技術を持ちながらも、なかなか競争に勝てなくなってきたと言われています。その最大の要因は、マネジメント力の差だとも言われています。代理店にとっても同じことで、経営者の本来の仕事は、予算を立てて、進捗を管理することではありません。

新しいサービスを考えたり、自社の主要な顧客セグメントにとって最適なソリューションを提案したりして、結果として儲かる仕組みをつくり、常に会社を前に進めていくことにほかなりません。経営者には、経営者として必要な能力が求められます。単に優秀な保険販売員としての技能があれば、経営者としてやっていける時代ではなくなってきています。そして、これまでずっと説明してきたように、経営には一般原則があります。

では、PIMS（Profit Impact of Market Strategy）について説明しましょう。

1980年代に、ハーバード・ビジネススクールとGEの戦略計画研究所が、経営・事業の戦略と業績の関係について共同調査を行いました。その結果は、PIMS研究としてまとめられています。調査研究そのものは30年近く昔のものですが、現在でもなお陳腐化していません。

保険代理店の経営者や管理者にとっても、このPIMSの一般原則の内容を知ることはとても重要です。一般原則は以下のとおりです。

（1）あらゆるビジネスの状況は、基本的に同じ市場法則に従う傾向
　　がある。

（2）その市場法則は、多様なビジネス全般の観察から得られた業績
　　（ROIやキャッシュフローなど）の約80％までが説明できる。

（3）業績結果を規定する主要因は、その重要度の順で以下の9つを
　　挙げることができる。

　　　1. 投資集中度
　　　2. 生産性
　　　3. マーケットシェア
　　　4. 対象市場の成長性
　　　5. 製品・サービスの質
　　　6. イノベーションと差別化
　　　7. 垂直統合
　　　8. コスト上昇
　　　9. 既存戦略努力

（4）上記9要因の戦略結果は、複雑に絡み合って決まる。したがって、
　　1つの要因と業績の因果関係のみを単純に考えるべきではない。

（5）業界や製品特性を超えて、戦略要因とパフォーマンスとの関係
　　には、法則性が存在する。

（6）戦略と業績の因果関係は、時間とともに明白になっていく傾向
　　がある。

（7）ビジネス戦略は、その基礎がしっかりしているほど業績向上の
　　確率が高く、逆ならば失敗の確率は高くなる。

（8）戦略は明示的であるほど強い。

　　上記の（3）の9項目は、会社の売上・利益・CF（キャッシュフロー）
といった業績に直接影響をおよぼす要素となりますが、ここからは、

この 9 項目の中から、代理店の経営に強く関連しそうな項目に焦点を当てて、説明します。

1. 投資集中度

新しい商品・サービスや独自のビジネスモデルを創造することを通じて、主要な顧客セグメントや市場に新しい付加価値を提供することで、企業は存続し成長します。みなさんの組織では 10 年先を読み込んだ目標や成果を明確にしたビジョンに基づく投資計画を持ち、実行しているでしょうか。

保険会社直資の代理店などへの吸収・合併が噂されていたいくつかの代理店では、かけるべきところにかけるべき投資もせず、社内に閉塞感が充満していました。しかし、直資の代理店や地域を代表する良い代理店に合流した今では、新たなことに挑戦する投資資金が確保され、これまで身動きのできなかった募集人さんたちがいきいきとしているようなところもあります。閉塞状況が打破されたことで担当者や事務担当者も元気になっています。

自社には事務所を改装したり、新たなことに打って出たりするような資金がないと、保険会社や社員たちに嘆かれる会社もあると思いますが、ここで言う投資とは、資金を投入することだけではありません。限られた社員のエネルギーや時間を 1 つのことに集中することでもよく、これが会社の将来を切り拓いていくことにつながるのです。

実は保険代理店においては、経営者や社員たちが何らかのチャンスを見つけ、自社の将来を考えてイノベーションを起こしていくためには、時間以外の経営資源はそれほど必要とされません。私たちの身の周りにある保険商品は、すべて誰かが想像することから生まれてきたものばかりで、誰も想像できなかったようなものは、ほとんど生み出されていないのです。

だからこそ、経営者・管理者だけでなく、全員による自社を発展さ

せるための将来ビジョンを考え、明確にしていくことにエネルギーをかけていくことは、今、最も必要とされていることなのです。経営者の本来の仕事は、予算を立てて、進捗を管理することではありません。新しいサービスを考えたり、自社の主要な顧客セグメントにとって最適なソリューションを提案できるようにすることに経営資源を投入し、結果として儲かる仕組みづくりに向けて、常に会社を前に進めていくことにほかなりません。

2. 生産性

　どのような会社も、「収益性を高めたい」と考えています。すなわち、売上総利益率・営業利益率・経常利益率などを高めることです。しかしコストを削減しようとするだけでは、一時的に収益性は上がるかもしれませんが、再び収益性が下がるリスクも孕んでいます。

　コストには2種類あります。1つは管理費のように削減可能なもの、もう1つは、人件費のように減額する（給与水準を下げる）と稼げる人から辞めてしまい、企業の力そのものが弱体化してしまうたぐいのものです。

　後者の削減不可能なコストに関しては、「かけた以上の成果を求めること」が大切です。そのためには、経営者やマネージャーが正しい方向性を示すこと、各社員が顧客に付加価値を提供するための努力を続けること。加えて、社員の生産性が高まるような投資を行うことにあります。

　これまで保険代理店は、保険会社の施策としてIT化・キャッシュレス化などを進めて生産性を高めることができ、より収益を向上させ、生き残ることができました。周囲を見渡せば、このように生産性を高めることができなかった企業は、市場からの退場を余儀なくされています。これからは、代理店自身が経営者だけでなく全員で生産性が高まるような仕事の仕組みを考え、チームメンバー一人ひとりが自分の

こととして、生産性を高める努力をしていかなればなりません。

3. マーケットシェア

　市場が伸び悩んでいる現在、マーケットシェアを高めるということは、競合他社の顧客を奪ってくることにほかなりません。これはすでに飽和状態の大手の保険会社にとっては非常に困難なことです。しかし、代理店には解決策が存在します。

　第一の方法は、徹底的に地域特性を把握し、営業を展開すること。言い換えると、エリアマーケティングをきちんとやるということになります。これならば保険会社と違い、小さな保険代理店の得意分野のはずです。

　保険会社の各支店は、本社の方針を受けて全国一律に施策を展開しがちですが、代理店は地域の顧客特性を踏まえた営業展開をしています。営業している地域に密着して自社が優れている点を磨き上げ、「この点ならば自社はどこにも負けない」というものを明確にできるかどうかです。勝てる土俵、すなわち地域に根ざしたマーケティング・営業活動を実施することで、業績を大幅に伸ばしている会社は数え切れないほどあります。

　第二の方法は、革新的な新商品を出すことでライフサイクルを延ばすことです。欧米企業や昨今の日本企業でも、ライフサイクルが成熟期に至るときには、その事業を簡単に売却してしまいます。一方、厳しい時代でも生き残ってきた企業というのは、1つのライフサイクルが終わろうとしていると、今までになかった新しい発想を加えることで需要を創出してきたのです。

　洗濯機を例にとって説明しましょう。50年前に一槽式の洗濯機が普及し、次にローラーで水を含んだ洗濯物を絞る機能がつきました。続いて、脱水槽がついた二槽式と一槽式の全自動洗濯機。ここで1つのライフサイクルが終わりました。しばらく不況が続いた後、洗濯槽

の中央に棒がついて洗濯物がからまないようにする機能がついたものが現れ、後は抗菌タイプ・斜めドラムなど、次々とライフサイクルを延ばしています。

　保険代理店にたとえれば、自動車の単種目から、生命保険・第三分野、あるいは関連する介護事業、婚活事業、住宅ローンの代理店などの要素を取り込むなどということです。そもそも、みなさんの会社では、地域特性を徹底的に研究したり、ライフサイクルを延ばしたりするということの重要性に、全員が関心を持っているでしょうか?　この点が生き残りの大きなヒントになります。

4. 商品・サービスの質

　10年ほど前までは、家電製品などを中心として、「日本企業の商品は過剰品質である」と、ずいぶん指摘がされていました。顧客不在で、技術者・販売者の独りよがりになっているのではないかということです。保険代理店においても、とても気をつけていただきたいことは、「顧客から見た高品質」が重要だということです。国内市場だけを見ても、さまざまな価値観や嗜好を持った顧客が存在します。それらの中から自社が囲まれていたい顧客セグメントを明確にして、そのセグメントの顧客層が求める保険商品・サービスの提供が本当にできているのでしょうか?

5. イノベーションと差別化

　PIMSの研究結果では、シェアが低い企業の場合には、イノベーションは業績に影響が出にくいと述べられています。これは小さな企業がイノベーションや差別化を行っても、顧客からは目立ちにくいし、社会的なインパクトが見えないので、短期的な業績向上には結びつきにくいという意味です。だからと言って、他の代理店と大差のない、

金太郎飴のようなことでお茶を濁していては、生き残りなどできるはずがありません。

　イノベーションと差別化は競争から自社を守り、イノベーションは自社が生き残っていくための原動力となります。中堅中小企業にとっては、すぐに業績結果に出にくいものの、継続的な努力は欠かすことはできないのです。

　ここで再度見つめ直していただきたいことをまとめましょう。

■今の自社の思考と行動実態は、PIMS の一般原則からはずれていないか？
■現状の停滞から抜け出し、自社の成長と発展のための資金・時間の投資を惜しんでいないか？
■地域特性を踏まえた営業展開を行っているか？
■自分たちが囲まれていたい顧客セグメントの価値観や嗜好をきちんと理解しているか？　わかったつもりになっていないか？
■売り手の視点だけではなく、買い手の視点に立って、自社の商品やサービスを常に見つめ直しているか？
■経営者・管理者は、常にイノベーションを求めているか？

　イノベーションとは従来の延長の改善ではなく、異なった発想と行動による革新です。これから、保険代理店を取り囲む環境がどのように変化していくのかは、まったく予断を許しません。だからこそ、PIMS のような普遍的な経営の基本を知ること、それを実践していくことが保険代理店にも大きく求められているのです。

　参考資料：富士通マーケティング　https://www.fujitsu.com/jp/group/fjm/mikata/column/

SWOT 分析の重要性を知る

　ここでは、戦略策定時の基本中の基本である SWOT 分析について説明します。ちなみに、東京海上日動火災保険には代理店に提供している「中計ナビⅡ」というシステムがあり、この SWOT の考え方に忠実に沿った優れた仕組みとなっています。また、私が代理店のコンサルティングや保険会社の主催する代理店戦略研修の終盤で必ず実施している手法です。まずは環境分析から戦略目標を引き出す方法について考えてみたいと思います。

1. SWOT 分析とは

　SWOT 分析とは、「強み（Strength）」「弱み（Weakness）」「機会（Opportunity）」「脅威（Threat）」の頭文字から命名されたフレームワークです（図表7）。

図表7　SWOT 分析のマトリックス

	プラス要因	マイナス要因
内部環境	①強み	②弱み
外部環境	③機会	④脅威

1-1　SWOT 分析の目的

　SWOT 分析を使うことにより、戦略立案における市場環境を分析するうえで、自社の環境要因を的確に整理することができます。SWOT 分析の進め方としては、「強み」「弱み」「機会」「脅威」の4つを組み合わせて分析することで、自社にとっての、市場機会や事業課題を発見します。

1-2　SWOT 分析 4 要素

　SWOT 分析のマトリクスで分割された各象限は、それぞれ「強み」「弱み」「機会」「脅威」を表しています。
　①強み——目標達成に貢献する企業内部の特質
　②弱み——目標達成の障害となる企業内部の特質
　③機会——新規参入の脅威
　④脅威——目標達成の障害となる外部の特質

1-3　SWOT 分析マトリックスの 2 つの軸　　　　【①内部要因と外部要因】

　SWOT 分析のマトリックスの軸は、縦軸が「内部環境」「外部環境」です。内部環境か外部環境かの区別は、自社がコントロール可能なものを「内部環境」、コントロールできないものを「外部環境」と区別します。外部環境分析（機会／脅威の分析）では、主要なマクロ環境要因（人口動態・経済的、技術的、政治・法律、社会・文化）を分析します。また、主要なミクロ環境要因（顧客、競合他社、流通業者、供給業者）を観察する必要があります。これらのトレンドや重要な変化に対応するために、関連する機会と脅威を見極めます。

1-4 SWOT分析マトリックスの2つの軸 【②プラス要因とマイナス要因（縦軸）】

SWOT分析のマトリックスの軸は、横軸が「プラス要因(ポジティブ要因)」「マイナス要因(ネガティブ要因)」です。内部要因、外部要因をプラス／マイナスで区別します。

2. SWOT分析の方法

2-1 戦略アプローチ

SWOT分析で、「事実情報を把握」し、「戦略目標」の方向性（ビジョン）を設定します。

2-2 SWOT分析のアウトプット＝戦略目標の導出

SWOT分析の最終目標は「事実をベースとしつつ将来ビジョンを考え、それを戦略に落とし込むこと」です。SWOT分析では、この4つの視点から導き出されたメッセージを俯瞰することによって、自社にとって進むべきビジョンを明確にし、そこから重点的に投資をすべき「戦略目標」を絞り込みます。

2-3 戦略目標を戦略に落としこむ

SWOT分析で戦略の方向性を定め、それに基づき戦略に落とし込むのですが、ここで代理店にとってもっとも重要なことは「将来どんな顧客に囲まれていたいか」です。これをセグメンテーションと言います。そしてこれを「ターゲティング」「ポジショニング」（この流れを【STP】という）に落とし込みます。

【STP】
（1）どんな顧客に囲まれていたいか(セグメント=S)を明らかにする。

(2) その顧客群が求めていることは何で、そのためにどんな商品・サービスが必要か(ターゲティング=T)を考える。

(3) その戦いは勝てる土俵で行えるのか(ポジショニング=P)。

この3つを確認することで、基本戦略が決定されます。

3. SWOT 分析から良い戦略目標を導き出すコツ

3-1　組み合わせて解釈するクロス SWOT 分析

SWOT 分析のやり方では、「強み」「弱み」「機会」「脅威」をマトリックスで組み合わせ、解釈をすることで、多面的な分析をすることがポイントです。

(1) 強み×機会(S×O)——強みを活かし機会を攻略する戦略を考える

(2) 弱み×機会(W×T)——強みを活かし機会を攻略する

(3) 強み×脅威(S×T)——強みを活かし脅威に対抗する

(4) 弱み×脅威(W×O)——弱みを克服し機会を攻略する

3-2　SWOT 分析では、
同じ事実情報から複数の解釈を引き出す

同じ事象をとっても、「見方を変えれば強みにも弱みにもなる」場合があります。あるいは、脅威と思っていたものが、機会に変わるかもしれません。戦略目標を出す場合は、まずはさまざまな見方で複数の可能性を洗い出し、最後に戦略目標を絞り込みます。

(1) SWOT 分析でプラス要素に注目する(強み、機会)
事実:「全国に、営業拠点が多い」強みとして解釈:「自社には強い営業力がある」

（2）SWOT 分析でマイナス要素に注目する（弱み、脅威）

事実：「全国に、営業拠点が多い」弱みとして解釈：「拠点が分散するため、コストがかかる」

　この場合、SWOT 分析では強み弱みの両面を確認しておく必要があります。同じ事実でも、「プラス要素なら、マイナス要素に解釈できないか？」、逆に「マイナス要素ならプラス要素に解釈できないか？」と選択肢を多面的に考えることが大切です。

3-3　SWOT 分析の戦略目標は、「オプション思考」で複数案

　SWOT 分析では、1つひとつの事実も組み合せにより、さまざまな解釈が可能です。そのため、解釈した結果である戦略目標も複数作成できます。戦略策定においては、SWOT 分析の結果を見て決め打ちにせず、いったん複数の戦略オプションを検討する必要があります。これを「オプション思考」と言います。

　戦略目標＝ビジョンのオプションをいくつか検討したうえで、最適な戦略を選択する必要があります。

4. SWOT 分析の「強み」「弱み」「機会」「脅威」を分析する方法

4-1　脅威を分析する5つの競争要因モデル

　SWOT 分析の脅威（T）を分析するモデルとして「5Forces 分析」があります。次項で、5Forces 分析を説明していきます。

5Forces 分析の重要性を知る

　SWOT の流れから、ビジョンや戦略策定時の基本となる 5Forces（5F）分析について説明します。最近特に、代理店を取り囲む環境変化が激しくなってきており、今後の方向性を考えるうえでも 5F を知っておくことはとても重要になってきています。

　5つの競争要因（5F）とは、「新規参入の脅威（entry）」「競合の脅威（rivalry）」「代替品の脅威（substitutes）」「供給者（サプライヤー）の脅威（suppliers）」「購入者（顧客）の脅威（buyers）」です。

　では、5F 分析の例とそれを戦略に活かす手順について少しずつ紐といていきます。みなさんの中にも、多くの方が 5F 分析という言葉は、どこかで耳にしたことがあると思います。私が保険会社などの主催で行っている代理店経営品質カンファレンスなどの最終セッションでは、簡単に説明しつつも、時間をかけて話し合っていただいている内容でもあります。

　市場の成熟化に伴って、生活者の価値観は多様化しています。その結果、保険商品やサービスのライフサイクルが短くなっていることは、日々実感していると思います。そのため、商品・サービスをとり巻く環境がこれだけ変化する状況では、単一ブランドしか持たないことはビジネス上の大きなリスクとなりうると考え、乗り合いをはじめている代理店なども増えてきました。

　今後、保険代理店にとってのビジネスリスクを分散し、更なる成長のための打ち手を模索するためには、概して言えばその手段は以下の2つしか存在しないと思われます。

（1）新たな事業あるいはブランドを立ち上げる
　保険代理店に当てはめれば、レンタカーなど代理店以外の事業をはじめたり、専属から乗り合いになって商品・サービスの幅を広げるこ

となどです。

（2）ブランド拡張しながら新市場を開拓する

　専属あるいは専業代理店として、自動車保険偏重から、第三分野、火災保険新種、生命保険などでも確たるビジネスの柱をつくっていくということなどです。

　この2つの戦略を遂行するために、常に目を光らせておかなければならないことは、保険業界に新規参入した勢力（たとえば楽天やNTTドコモなど）や、あるいはブランドを拡張しようとしている勢力（保険ショップチェーンや金融など）に対する業界の動向分析です。

　5F分析は、今後の将来ビジョンを描き、戦略を策定する際にとても有用なビジネスフレームワークです。しかし、ビジネスフレームワークは、使い方を誤れば「テンプレートへの単なる穴埋め」にしかなりません。単なる穴埋めとしてとらえるのであれば、業界分析は「一時の作業」にすぎないと言えます。でも、その背景にあるロジックをきちんと社員全員が理解できれば、それは代理店にとってかけがえのない「独自能力」となりうるのです。

　なお「5F分析について本格的に理解したい」「5F分析のやり方をきちんとマスターしたい」と考えるなら、代理店として、組織的により深い勉強を進めていただきたいと思います。こうすることで、さまざまな外部環境分析のノウハウを身につけることにもつながり、そのノウハウは特に中小企業などの法人顧客からの信頼を得るための大きな武器にもなり得ます。

　そもそも、この5F分析は、史上最年少でハーバード・ビジネススクールの教授となったマイケル・ポーターが提唱したことで知られています。より深く知りたいという方には、1980年に出版されたマイケル・ポーターの著書『競争の戦略』をお勧めします。この本は、現在でも多くの経営者やビジネススクールの学生に読まれており、「MBA取得者が選ぶお薦め経営学書ランキング」で第1位を獲得し

ているほどの必須図書です。

　この本の根底に流れる思想は、突き詰めれば「競争が激しい業界にいれば収益性は低くなり、競争が限定的な業界にいれば収益性は高くなる」というシンプルなロジックです。

　重要なことは、代理店のみんなで対話を通じてさまざまな思考を巡らせたうえで、自分たちが事業を行っている保険代理店業界は「参入余地がある魅力的な業界なのか？」、あるいは「5つの競争要因のうち、どこをどう攻略すれば代理店としての収益性は高まるのか？」など、「将来ビジョンやそれに向けての戦略仮説を徹底的に話し合い」、それを「全員で毎年PDCAを回す」ところまでやり続けることです。

　これは、代理店社員の「気づく力」と「洞察する力」を鍛えることにもつながります。

　5F分析は、このモデルに内在している「2つのロジック」さえ理解できていれば、より有用な示唆が導き出せるとすでに記述しましたが、「2つのロジック」をもう少し、次に詳しく説明しましょう。

【5Fモデルの目的とロジック①（利益獲得のロジック）】
　利益の上げやすさ＝売上の上げやすさ－コストの下げやすさ

【5Fモデルの目的とロジック②（利益の取り分のロジック）】
　業界全体の利益＝業界内の取り分＋業界外へ流出してしまう取り分

　いきなりこれらを示されても、何のことかイメージしにくいと思います。しかし、5F分析を代理店全員で「腹落ちできるレベル」で理解するためには、ぜひ頭に入れておきたいロジックです。では、基本となる2つのロジックを代理店経営に当てはめて考えてみましょう。

1. 5Forces モデルの目的とロジック①
利益獲得のロジック

　みなさんが「新ブランドの立ち上げ＝乗り合い」や「ブランド拡張＝損保だけでなく生保、個人だけでなく法人へ」を検討しているのなら、できるだけ売上を上げやすく、コストが下げやすい土俵で戦いたいと思うはずです。5Fモデルは、そんな「売上が上がりやすく」「コストが下げやすい」土俵に参入したいという代理店の願望をどう現実にするか、フレームワークに反映させて考えることができます（図表8）。

図表8　5つの競争要因（5F）

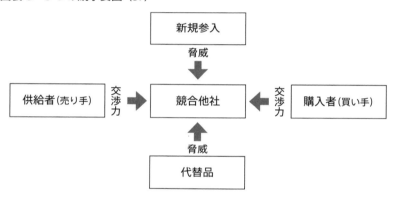

　まずは5F分析の「利益獲得のロジック」について考えましょう。

①買い手の交渉力

　買い手の交渉力の「買い手」とは、モノやサービスを販売する「販売先」＝「顧客」のことを意味します。たとえば新規参入しようとしている業界が食品業界なら、「買い手」はスーパーやコンビニ業界というようなもので、保険代理店にとっては「個人」「法人」「団体」などが考えられます。そして買い手の交渉力の「交渉力」とは、みなさんが参入しようとしている分野・業界と販売先との間に作用する「力

学」のことを言います。

　もし仮に、みなさんが新規参入しようとしている分野が、コモディ
ティ化が進んでいる「土俵」＝「自動車」の単種分野であれば、買い
手(販売先)からみれば「どの企業からも似たような商品を買うことが
できる」状態となるため、価格競争が激しくなることが想定できます。
そして価格競争は企業の売上を下げる要因となるため、みなさんの代
理店が新たに伸ばそうとしている分野としては、自動車の単種は「売
上の上げやすさ」という点で魅力が薄いことになります。

　②売り手の交渉力
　売り手の交渉力の「売り手」とは、部品や材料を供給してもらう「供
給元の業界」を指し、代理店業界であれば保険会社のことです。そし
て売り手の交渉力の「交渉力」とは、みなさんの代理店がより力を入
れようとしている分野と保険会社との間に作用する力学のことであり、
たとえばパソコン業界を例にとれば、「パソコン業界と部品業界(売り
手)に流れる力学」のことになります。

　パソコン業界の場合、部品の供給元にはインテルやマイクロソフト
など、各専門分野で事実上のデファクトスタンダードとなっている企
業が存在しており、このように供給元に独占事業者が存在する場合、
部品を供給してもらう際には独占事業者から「言い値」で調達せざる
を得なくなります。　このため「コストの下げやすさ」という点で魅
力が薄い業界ということになりますが、保険業界もだいたい同じよう
な状況にあります。

売上 (買い手からの) － コスト (売り手に支払う) ＝利益 (自社の土俵での)

　ここまでお読みになれば、勘のいい方はもうお気づきのはずです。
買い手の交渉力を分析することは、その業界での「売上の上げやすさ」
を分析することであり、売り手の交渉力を分析することは、その業界

第6章　ビジョン・戦略策定に不可欠な理論を知る

での「コストの下げやすさ」を分析することにほかなりません。

　そしてどのようなビジネスも、売上（＝買い手との力学）からコスト（＝売り手との力学）を差し引いて利益になるのですから、5F分析の横関係の分析は「売上－コスト＝利益」というビジネスの基本を、常に念頭に置いて分析していくことなのです。

　しかし、現状の保険代理店で何が起こっているかと言えば、このようなことを考えることもあまりなく、将来に対する不安は持ちつつも、目先にとらわれ、保険会社に言われるがままの商品を、言われるがままの手数料で、言われるがままの戦略に乗って営業しているところがほとんどです。販売目標以外、まともなビジョンも戦略も存在していないところがとても多く、保険会社も一部を除き、そんなことは代理店に求めていないように感じられます。そもそもなぜこんな状況でもみんなが事業継続できているのでしょうか。

　最大の要因は先述した、同一商品同一価格の原則です。価格競争の泥沼にいるレストランやスーパーマーケット、美容室などは、少しでも独自性を失えば、どんどん廃業してしまっているのに、なんだかんだと言いつつ大半の代理店が残っているのは、このように業法に守られているからです。

　しかし、だからこそ保険会社に対する甘えも生まれてしまい、保険会社の社員に食ってかかったり、パワハラまがいの発言をしたりすることがまかり通ってしまうわけです。そうしたこと（自立と自律）ができないことで、結果としてじわじわと代理店自身の弱体化を招いているということに気がつかなければなりません。

　保険会社が悪いわけではありません。保険会社はいろいろな手立てを提供してくれており、その中から自社が戦える武器を選択し、戦う土俵を明確にしていくのは、代理店に求められていることなのだと自覚する必要があるのではないでしょうか。保険会社も代理店支援担当者もこのことを理解しなければなりません。

2. 5Forces モデルの目的とロジック②
利益の取り分のロジック

　ここまでは、5F分析の「横関係の分析」を解説してきました。その結果として把握できるのは「業界全体の視点で見た時の利益の上げやすさ」についてでした。当たり前のことですが、いくら「業界全体の成長性が高く、利益が出やすい環境」にあったとしても、保険会社や代理店が独占企業でない限り、一企業で独り占めすることはできません。業界内には数々のライバル企業が存在することから「業界全体の利益」は競争を通して、各企業の「取り分」として分配されることになります。

　前に説明した5F分析の「横関係」は、「どれだけ利益を上げられる業界か？」という「利益獲得」のロジックでしたが、残念ながら日本だけで見れば、現状も今後も損害保険・生命保険ともに利益を上げやすい業界とは言えません。そこで、保険業界においては5F分析の「縦関係」の分析、すなわち「業界全体で上げた利益のうち、自社の取り分をどう取るか？」という「利益分配」のロジックを考えることがとても重要となります。

　日々の営業活動や実務をうまく行うことだけを考えていると、つい「どうすれば目先の利益を獲得できるか？」という視点に偏りがちになりますが、5F分析は広く、そして遠くを業界全体の視点で見渡すビジネスフレームワークであるため、いったん「業界としてどの分野であれば成長性が見込め、利益獲得がしやすいか」を分析した後、さらに突っ込んで「業界全体で得た利益は、誰に、どう分配されやすい力学が働いているのか？」という分析プロセスを踏むことが重要となります。

　では、5F分析の縦関係である「利益の取り分のロジック・業界内の競争」について考えていきます。「業界内の競争」とは、業界の中で直接競合しているライバル企業との競争を指します。当たり前のこ

とながら、業界内での競争が激化すれば、単種の自動車保険に見られるように価格競争などを通して「業界全体の利益」が減少したり、あるいは顧客を競合する企業に奪われて「自社の利益の取り分」が減ったりすることになります。

もし仮に、読者のみなさんの代理店が「レンタカーや自動車整備工場、住宅ローンの代理店、介護事業など新しい領域の仕事」に取り組もうとか、「一保険会社専属ブランドから、乗り合い代理店としてブランド拡張」を考えている事業領域や分野で、コモディティ化（どこでも手に入る魅力のない商品・サービス化）が進んでいたとします。あるいは、直接競合する企業が百花繚乱のような状態であれば、たとえ業界全体で獲得できる利益は大きかったとしても（横関係）、みなさんの企業の「取り分」は小さくなります（縦関係）。結果、あなたの企業にとってその業界の魅力度は下がることになるわけです。

つまり、みなさんがこれから参入しようとしている業界、事業分野などの参入障壁が低ければ、あなたの企業が参入した後も、続々と新規参入企業が登場します。そして新規参入企業が増えれば増えるほど、「あなたの企業の取り分」は減ることになり、結果、あなたにとってその業界の魅力度は下がるということになります。

さらに、代替品の脅威も分析しなければなりません。代替品の脅威とは、商品・サービス自体は異なるものの「提供価値」において同等の商品やサービスを指します。たとえばマクドナルドなどハンバーガーチェーン業界の提供価値の1つに、「うまい、安い、早い」ということが挙げられますが、牛丼チェーン業界の「吉野家」や「すき家」もまた、同じように「うまい、安い、早い」というニーズを満たすことができます。よって「吉野家」や「すき家」はマクドナルドの代替品として脅威になりうるのです。

また、身近なところでは出版業界やデジタルカメラ業界、あるいは家庭用ゲーム機業界などでは、スマートフォンが代替品として大きな脅威となっています。代理店なら、24時間現場急行サービスは、事

故そのものが大幅に減少したり、AIを駆使して警備会社がサービスしたりすれば、とって代わられるかもしれません。

このように、みなさんの保険業界の商品やサービスに強力な代替品が存在しているのなら、「自社の取り分」が大きく減るリスクが生じます。結果、みなさんにとって業界の魅力度は下がることになります。

再度確認ですが、業界全体の売上（買い手から得られるもの）から業界全体のコスト（売り手に支払うもの）を差し引いたものが「業界全体の利益」であり、それは「業界内のライバル」「新規参入事業者」そして「代替品」に分配されています。

3. 保険会社と代理店の関係は大きく変わる
──代理店はしたたかに準備すべし

保険代理店の多くは、10年先を見据えて自社を取り巻く業界全体の取り分が増えるのか、あるいは、どの分野なら自社の取り分をキープしていけるのかをあまり考えていません。これはとても危険なことで、知らず知らずのうちに泥沼にはまっていることに気づかないことになります。

どうしてそのような体質になってしまったかと言えば、これまではある程度保険会社の言う通りにしておけばなんとかなったからです。しかし、保険会社は介護分野や海外事業などにリスクヘッジできますが、原則として国内で事業展開し、おんぶに抱っこ状態の代理店をいつまでも保護してくれるわけではありません。

現に私のクライアント先の販売店に対して、トヨタ自動車は自立を促していますし、私が勤務していた楽器のヤマハも以前のように国内の楽器店を手とり足とり面倒はみないというように政策転換しています。つまり、生き残るのも潰れるのも販売店の自己責任という立場を明確化しています。楽器店が潰れたら、音楽教室の生徒さんだけはどこか別の受け皿で引き取るが、楽器店自体への人的・資金的援助はし

ないと言っているようなものです。

　以前なら、「すべてのトヨタ販売店ですべての車種を売っていい」とか、「車を売る会社からの脱却」などというメッセージをメーカーがテレビCMで発信しようものなら、大手販売店の社長がメーカーに怒鳴り込むなどということがありましたし、私が勤務していた頃のヤマハならば、本社に対して国内の有力楽器店の社長が、「俺たちが売ってメーカーを支えているんだ」という上から目線での意見を言いに行くような光景がよく見られました。今では、このようなことはほとんどありえないと販売店の社長が嘆いていました。

　保険業界についても、今は平身低頭してくれているような保険会社でも、いずれこういう時代になっていくことは避けられないと思います。だからこそ、代理店が自立と自律によって、業界動向を冷静に予測・分析する力を身につけ、将来に対してしたたかな備えをしておかなければならないのです。

　変化の激しい時代だからこそ代理店が考えなければならないのは、当面の施策としてIT化の対応はしつつ、もっと先を見た業界変化を乗り切るための戦略的思考を身につけることです。そして、小規模企業であってもどううまく乗り切っていくかを考え、そのためにこそ自社の経営を基本に沿って見直し、今後のあるべき姿をしたたかに組み立てていくということなのではないでしょうか。変化の時代だからこそ、基本が大切なのだと思います。

　ここまでは「５Ｆ分析のロジック」を解説してきましたが、５Ｆ分析のロジックを理解したからと言って、すぐに５Ｆの効果的な分析ができるようにはなりません。つまり５Ｆ分析を行う際には、５つの競争要因を知るだけでなく「５つの競争要因を評価・判断するための視点」も知っておく必要があります。

第 7 章

保険業界を 5Forces 分析する
― 分析の手順と例 ―

1.「買い手の交渉力」を分析する

　それでは本章において、あくまで簡易的に保険業界を 5 F 分析して
みましょう。

　「買い手の交渉力」を分析するうえで重要な視点は、わかりやすく
言えば「売上が上げやすい業界・事業なのかどうか」です。売上は「販
売数量×販売単価」で決まります。そこで次のような視点が重要とな
ります。そもそも「買い手の交渉力」とは何かを分析する際の視点は、
新たに参入、あるいは強化しようとしている業界・事業においては、
今後どの程度「販売数量が減少する」、あるいは「販売単価が下落する」
力学が働いているのかを知ることです。そして、経営資源をどこに投
入していくべきかを考えるうえでとても重要になります。

「販売数量の減少」あるいは「販売単価の下落」を引き起こしやすい
事業の代表例として、自動車保険が挙げられます。安易な思考に陥ら
ないためにも、自動車保険の供給過剰の度合いを事務所全員で認識し
ておくことはとても大切です。

　通常、強化・参入しようとしている業界が、供給過剰、いわゆる「ニ
ーズを満たしきっており、需要量に比べて供給量の方が多い状態」と
判断されれば大きな注意が必要とされます。なぜならその業界は、「市
場成熟期」にあるからです。一般論として成熟した市場とは、すでに

多くの顧客に商品が行き渡っている市場ということです。結果、市場ニーズはリピート需要が主流となるため「新規需要＋リピート需要」の両方が存在する市場成長期と比べて「販売数量が減少していく」力学が働きやすいのです。

　たとえば、自動車保険事業においてリピート需要がメインであるということは、販売数量を増やす手段は競合企業からのブランドスイッチ（同じ顧客の奪い合い）がメインになるということになります。しかしブランドスイッチは価格競争を招きやすいため、「販売単価が下落する」力学も働きやすくなるのです。結果として通販の参入による低価格路線の拡大が起こったわけです。

　次に、差別化のしにくさの認識です。保険代理店のように、自社が強化しようとしている事業や分野が「差別化がしにくい」業界の場合、「販売単価が下落する」力学が働きやすいと言えます。本来なら同一商品を販売している代理店は、「差別化されていない商品」を販売しているようなものです。

　通常、「買い手」からすればそのような業界の「どの商品・サービスを買っても同じ」ということになり、本来なら購入決定要因が「価格の安さ」だけになりやすいはずです。しかし、保険代理店業界では「同一商品＝同一価格」という恵まれた環境に守られているため、値引きをしなくていいのです。

業界の価格相場のオープン性

「価格相場がオープンになっている」ということは、買い手からすれば「価格比較しやすい」ことを意味し、その結果、価格競争になりやすいわけです。わかりやすい事例は、「価格.com」などで現在、価格比較が当たり前になっている家電業界がイメージできると思います。

　新規参入しようとしている業界の価格相場がオープンになっている場合、一般的に「販売単価が下落する」力学が働きやすくなりますが、

この点からも保険代理店業界は「同一商品＝同一価格」ですから、恵まれた業界と言えます。

買い手の寡占度の度合い

　新規参入しようとしている業界の買い手が寡占状態となっている場合にも、「販売単価が下落する」力学が働きやすいと言えます。「買い手の寡占状態」が進むと、企業の売上の大半が「同じ買い手」という状態になってしまい、もし仮に、自社の売上の9割を占める買い手から値引き要請や取引条件の変更要請があれば、普通ならばのまざるを得なくなります。

　なぜなら、自社の売上の9割を占める「寡占状況の買い手」から提示された条件がのめずに、仮に取引を切られてしまえば、普通ならその企業は途端に立ちいかなくなってしまいます。「寡占状態の買い手」とは、いわば「みなさんの企業の命運を握っている買い手」にほかなりません。なお、現在でも多くの保険代理店が生き残れるのは、たとえ「収保においてかなりの割合を占める顧客」が値引きを要求したとしても、一部のビットを除いて、ほとんどの場合、値引きができないからです。

　ここまで、5F分析から見た保険代理店業界のおかれている現状を説明しただけでも、決して成長性の高い業界ではないし、売上も上げにくい業界にも関わらず、なんとかやっていけるのは一物一価の業法に守られているからだということを再認識されたと思います。しかし、これはとても重要なことで、皮肉なことに、ある意味ぬるま湯的状況の中で、保険会社に言われるまま、今のやり方を続けていけば何とかなるのだと思いがちになり、環境変化に気づいたときは手遅れになりやすいのです。しかし、何も悲観することはありません。今後会社を繁栄させ、利益を上げていくポイントはあります。

2.「売り手の交渉力」を分析する

「売り手(代理店)の交渉力」を分析するうえで重要な視点は、「仕入コストが下げやすい業界なのか、下げにくい業界なのか」を知ることです。まず、代理店業界においては、どの程度仕入コストが高止まってしまう力学が働いているのかを認識しておかなければなりません。

保険代理店業界ではバックリベート要素の強い代理店手数料ポイントにより、翌年の手数料率は上下しますが、その仕切りは保険会社が一方的に決めており、売り手、すなわち代理店の意向は、ほぼ反映されません。したがって、ある意味では仕入コストが高止まりしやすくなる業界の代表例とも言えます。しかしこのことは、みなさんが自ら進んで代理店業界を選択している以上、そもそもそういう業界なのだという認識で事業を行う必要があります。

それでは次に、仕入れコストが高止まりしてしまう理由を考えてみましょう。

仕入商材の需要過多の度合い

一般的には業界の仕入商材が需要過多、いわゆる「需要に対して供給業者の供給量が追いつかない」状態のときには、仕入コストは高止まりしやすくなります。部品や原材料を供給する企業が「供給量が追いつかない」という状態で売上を最大化しようとすれば、当然「高い価格で買ってもらえる企業に優先的に売る」という判断になりやすいわけです。

そのような状況の中で、どうしてもその部材を仕入れたいのであれば、販売店は供給業者の「言い値」に従わざるを得なくなるわけです。結果、仕入れコストは高止まりしやすくなります。保険業界は自動車などの製造業ではないですから、原材料の調達や加工はありません。

その点需要過多どころか、一部生命保険商品などを除き、供給無制限ですから、仕入れコストが高止まりするという力学は働かないはずです。ところが、代理店は保険会社の言いなりの仕切り価格に従わなければならないのです。

仕入商材の差別化のしやすさ

仕入商材の独自性が強い、あるいは他社に差別化されている場合も、仕入コストは高止まりしやすくなります。なぜなら仕入部材の独自性が高いということは、販売する企業にとって「比較できる代わりの部材がない」ことを意味します。その結果、供給業者の言い値に従わざるを得なくなるため、仕入コストは高止まりしやすくなります。保険業界でこれに近い状態の商材としては、東京海上日動の生損保一体型保険「トータルアシスト超保険」が当てはまります。

しかし、特に専属代理店の場合、東京海上日動の超保険以外、各社ほぼ似たり寄ったりの商品を販売しているにもかかわらず、他の保険会社を選ぶことができませんから、代理店は保険会社の言い値に従わなければならないのです。しかしこれは乗り合いになっても似たり寄ったりの状況です。

仕入商材の価格構造のブラックボックス性

仕入商材の価格構造がブラックボックスになっている場合、仕入コストは高止まりしやすくなります。

なぜなら「価格構造がブラックボックスになっている」ということは、買い手からすれば「価格比較がしにくい」ことを意味し、その結果、顧客も代理店も「高値掴み」をしてしまうリスクが高まります。

保険業界においても、しばしば保険会社の原価や代理店手数料の内訳を公開すべきという声が上がりますが、否定的な意見も多く、全面

公開はされていません。代理店にとっては痛し痒しというところです。

仕入商材の供給業者の寡占度

　業界の売り手が寡占状態となっている場合、仕入コストは高止まりしやすくなります。もし、仕入商材の大半を「寡占状態の供給業者」に依存してしまえば、製品は、その供給業者なしにはつくれない状態となり、商材がその供給業者の寡占状態であるということは、ほかの供給業者からは仕入れることができないことを意味します。保険業界は食品業界などと比べると、はるかに供給業者は少なく、実質3大メガ損害保険グループや、大手生命保険会社などが支配しています。

　それゆえ、寡占状態にある売り手（保険会社）から値上げ要請や取引条件の変更要請があれば、代理店は飲まざるを得なくなります。なぜなら「寡占状況の売り手」とは、あなたの企業の命運を握っている売り手だからです。保険代理店はまさにこの状況に当てはまります。だからと言って、一概に保険会社を責めることはできませんし、代理店が保険会社の役員や支店長に文句を言ってもこの構造が変わるわけでもありません。

　他の業界に視野を広げれば、私が経営者として苦労したスーパーマーケット業界では、仕入れメーカーからは絶えず値上げの要求、顧客からは値下げ要求の連続で、他社との価格競争も熾烈でした。しかし、保険代理店の場合は、値引きが当たり前な他業界に比べれば、前述したように一物一価で守られている保険代理店は、知恵と努力によって正当な勝負のできる業界であり、必要以上に保険会社に対して文句を言うエネルギーがあるならば、代理店はそのエネルギーを、文句を言う暇もないくらい他社に差別化するための顧客対応や、そのための人財開発など自社の能力向上に費やすべきなのです。

3. 「業界内の競争」を分析する

「業界内の競争」を分析するうえで重要な視点は、「業界内の競争によって自社の利益の取り分は今後どのように推移しそうなのか？　現実的にはどの程度減りそうなのか？」を代理店としてしっかり分析し、それに備えておくようにすることです。みなさんは、保険代理店という業態が業界内の競争によって、利益の取り分が今後どの程度減りそうなのかを真剣に考えたことはあるでしょうか。

　たとえどんなに売上が上げやすく、コストを下げやすい業界だったとしても、業界内の競争が激しければ、あなたの会社の「取り分」は減ることになります。今後自社の置かれる状況を見通すことなく、今後の厳しい時代を乗り切ることはできません。

　そこで、代理店の今後を見通すうえで重要となる、業界内の競争によって「利益の取り分が減りやすい」条件の代表例を簡単に解説しておきます。

直接競合する企業の多さ

　当たり前のことですが、業界内で直接競合する企業が多ければ多いほど競争は激しくなり、みなさんの組織の「取り分」は減りやすくなります。なぜなら、競合企業が多ければ多いほど、顧客から見ればあなたの企業は多くの選択肢の中の一つでしかなくなることを意味します。いわば多くの企業でパイの奪い合いとなるため、1社あたりの取り分は小粒になります。保険代理店にぴったり当てはまる状態です。

固定費の高さ

　保険代理店業界はどちらかと言えば「固定費の高い」業界です。経

営者だけでなく代理店社員のみなさんもこれを認識しているでしょうか。一般的に固定費の高い業界内の競争は激しくなり、個々の企業の「取り分」は減りやすくなります。

　固定費とは、人件費、事務所やコンピュータ・車などの設備投資後の減価償却費など「商品が売れようが売れまいが、必ずかかってしまうコスト」のことを指します。「保険が売れようが売れまいが、必ずかかってしまうコスト」は、代理店手数料で賄うことになりますが、固定費の比率が高ければ高いほど、高い粗利を得られなければ固定費を賄えないことになります。

　そこで必然的に固定費を賄うための粗利獲得は、保険の収保を増やすことになり、販売数量増（挙績増）に伴う代理店手数料およびポイントを増やすことになります。普通なら、業界内の多くの企業が「販売数量」を追いかけることになれば乱売合戦など価格競争に陥りやすく、その結果、1社当たりの利益の「取り分」は減ることになります。日本の家電販売業界や自動車販売業界などがその典型です。

　これに比べれば保険業界は、一物一価で守られているため価格競争に陥りにくいうえに、契約が長期である、あるいは契約の更新によって顧客をつなぎ止めやすいというアドバンテージがあるという、ほかに類を見ない環境です。だから高い固定費でも事業の継続ができているのです。しかし、代理店手数料がポイント増のベースとなる増収が継続する保証はどこにもありません。ますます減っていく力が強く働きます。

　そのためには、そもそも自社の固定費がどの程度の水準にあるかを代理店全員で把握・確認しておく必要があります。全員が自社の損益分岐点が他業界よりも厳しい、すなわち、減収が続けば、簡単に赤字に転落してしまう状況にあるということを知らなければ、危機意識は生まれないし、経営改革などできようがありません。

撤退障壁の高さ

　少し理解しにくいのですが、新規参入しようとしている業界が「撤退障壁が高い」業界の場合でも、利益の取り分は減りやすいと言えます。なぜなら「撤退障壁が高い」ということは、行政などによる種々の制約が大きく、たとえ赤字になったとしても撤退できずに、そのまま競争していかざるを得ない状況となるからです。撤退障壁が高い業界とは、大きく2つに分類できます。

　1つめは、電話やガス、電気業界のような初期に巨額の設備投資を必要とする業界です。

　なぜなら、もし巨額の設備投資を回収できないまま撤退すれば、最悪の場合は資本金を上回る特別損失を一気に計上せざるを得なくなり、国民や社会などに負の遺産を残すことになるからです。

　2つめは、公共インフラなど高い社会的責任が求められる業界です。

　たとえば、鉄道、バス、航空会社がある地方路線から撤退しようとすれば、地方住民から反対運動が起こりなかなか撤退できません。病院や大学などの学校も簡単に閉鎖はできませんから、一部のJRや多くの医療法人、学校法人が赤字のままです。鉄道は国交省が運賃を認可し、病院や介護施設は厚労省によって医療サービスの価格が決められてしまっているので、経営の大きな足かせになっています。

　保険業界でも、生命保険会社などでは顧客を終身で保証しているため、簡単に赤字だからと言って撤退などできません。「経営が苦しいので撤退します」と言い出せば、多くの社会的批判を浴びることは免れません。

　これらのように、「巨額の設備投資を必要とする」「高い社会的責任が求められる」業界は、たとえ赤字になってとしても、簡単に値上げなどはできないうえに、事業を継続せざるを得ないため、その業態の得られる利益の「取り分」は減りやすくなります。保険業界はこの2つめのパターンが当てはまります。現実的にすでに赤字を続けている

通販の保険会社もありますが、撤退はできません。

　このように、5F(5つの力関係)のうち3つの分析をしただけでも、保険代理店を取り囲む業界は、本来ならば利益を確保しにくい業界であり、これまでのように「目先の営業だけをきちんとやっていればなんとかやっていける」ということは、簡単ではないことがよくわかります。そして、大きな流れで考えれば、今後ますます各代理店が得られる利益は減る方向で圧力が働き続けます。

　業法で一物一価が守られているという点だけが大きな支えとなっており、危機感を持って真剣に組織内外の今後の動きを予測し、強い体質づくりをしていくことはとても重要になります。ですが、周囲には危機感の低い代理店がたくさんあり、その代理店に目先のことばかり要求する保険会社の支店もとても多いのです。しかし、固定費が少なく(生産性が高く)、保険会社や保険会社の設定する代理店手数料ポイントに頼らなくてもやっていける損益分岐点の低い強固な体質づくりを進めていけば、経営品質の高いトップ保険サービスのように、全員で真剣に将来を考える代理店ほど、逆に生き残りのチャンスは広がっていくとも考えられるのです。

4. 保険業界における 「新規参入の脅威」を分析する

　代理店は若者に人気のない業界だからこそ、やっていけているという皮肉な状況を、4つめの視点「新規参入の脅威」から、「代理店がなぜ、なかなか潰れないのか」を考えていきます。

　「新規参入の脅威」を分析するうえで重要な視点は、どの程度、新規参入事業者に取り分を奪われそうなのか?　というものです。

新規参入の脅威とは

　保険会社あるいは保険代理店業界は、どの程度「新規参入事業者」に取り分を奪われる可能性があるのでしょうか？　業界の利益は、必ずしも業界内の企業だけに分配されるわけではありません。もし業界外からの新規参入事業者が多ければ、たとえ業界全体の利益が多くても、業界外からやってきた新規参入事業者に奪われてしまい、保険会社や各代理店の「取り分」は減ることになります。

　ここで「新規参入事業者に取り分を奪われやすい」条件の代表例を簡単に解説します。

法規制

「法規制」が少ない業界の場合ならば、多くのライバルの更なる新規参入を招きやすいと言えます。その結果、既存の業界内の企業の取り分は減りやすくなります。保険会社と保険代理店はこの場合、まったく逆の状況だと考えられます。

　たとえば、テレビ業界や通信業界、あるいは製薬業界など法規制が多い業界は、法律で定められたさまざまな条件を満たさない限り新規参入ができません。結果、限られた業界内企業のみの競争となるため、1社当たりの利益の取り分は安定します。保険業界は業法でかっちり守られているため、保険会社が雨後の竹の子のように乱立することはありません。

　一方、その点から言えば保険代理店は、いくらでもつくることはできますが、一般的には儲からないと思われているため若者の人気が低く、新規参入も少ないため、人が集まらないという状況にあります。だからこそ、保険代理店が潰れたという例はとても少ないという痛し痒しの状況にあります。

　ちなみに、似て非なる業界が美容業界で、美容師資格さえ持って

いれば（修行の期間は必要ですが）誰でも開業できるところは同じですが、専門学校などが毎年数え切れないほど多くの若者を輩出するために、美容院などは、毎年新規開業した分だけ廃業していると言われています。このように法規制が少ない業界の場合、ハードルが低いため、多くの新規参入を招きやすくなります。その結果、誰かが新規参入した後も次々と新規参入事業者が現れやすくなるため、利益の取り分は減りやすくなります。

規模の経済性の働きにくさ

「規模の経済性」が働きにくい業界の場合、誰かが新規参入したとしても、更なる新規参入は続きます。その結果、既存企業の取り分は減りやすくなります。「規模の経済性」とは、事業規模が拡大するにしたがって商品1個当たりのコストが低下し、コスト競争力が強化されていく現象を指します。そのメカニズムは大きく分けると下記の3点です。

1. 大量仕入れによる仕入部材の単価削減効果

　製造業ならば工場稼働率の向上による商品1個当たりの減価償却費削減効果や、工具の習熟度向上による商品1個当たりの労務費削減効果が出てきます。これを学習曲線と言います。つまり「規模の経済性」とは「先にたくさんつくった方が勝つ」という論理であり、後発となる新規参入事業者からすれば、参入メリットは薄くなることを意味します。

　裏を返せば、保険代理店の場合は保険会社とは違い、規模の経済性が働きにくい多品種少量生産・販売型の業界です。このような場合はコスト差がつきにくいため後発企業の参入余地は大きくなるうえに、さらに一物一価で守られているため、論理的に考えれば後発参入事業者や新規代理店が現れやすくなります。既存代理店の利益の取り分は、

もっともっと減りやすくなるはずなのですが、不思議なことに、ほとんどのみなさんはなんとかやっていけています。

2. 技術難易度の低さ

　業界の「技術難易度」が低い場合も、新規参入を招きやすい業界だということが言えます。技術難易度が低いということは「どの企業も似たような商品を簡単につくれる、簡単に売れる」ということとイコールだからです。この点は保険代理店がぴったり当てはまりますが、他の業界と決定的に違うのは、一物一価のため乱売が起こらず、利益の取り分も減りにくい状況にあります。

3. チャネル構築の容易さ

　業界が「チャネル構築しやすい」場合、次々と新規参入を招きやすいと言えます。

　代理店の場合、チャネル構築がしやすく、どの代理店も簡単に同じものを同じ相手に販売できます。これまで他の代理店が販売していた顧客に新規代理店が売ってはいけないなどということはありませんので、他の業者が開拓した販売チャネルに同じ価格で入り込むことができます。多くの業界ではエリアなどで独占代理権が与えられ、他の新規参入業者は入り込めませんが、保険代理店にそのようなことはありません。

　これまでの分析を整理してみると、

■業法でがっちり守られ保険会社そのものの新規参入は他の業界に比べるととても少ないため、各保険会社の利益の取り分はなかなか減らない。
■一方、代理店は新規参入障壁は低く、本来ならば利益の取り分が減りやすい業界にもかかわらず、美容室のように新規分だけ廃業

するということは起こっていない。

ということが言えます。これはなぜなのでしょうか。

最大の要因は、前述のとおり、代理店業界そのものに魅力が乏しいため、新規開業したいという夢を持った若者たちが非常に少なく、大手の保険会社の採用には若者が殺到している。一方で、代理店は若者の採用が難しく苦労しているが、なんとかやっている状況、という皮肉な結果につながっているのです。

そのような状況を逆手にとれば、代理店業界全体が若者たちにとって魅力ある業界に映ってないからこそ、新規参入してくるライバルは少ないわけです。

さらに一物一価に守られ、長期継続のアドバンテージもあるのだから、利益は確保しやすい状況にあるということになります。このような状況を見越して、トップ保険サービスのように若者が毎年定期的に確保できるような、働きたくなる代理店にさえなれば、事業の継続性が確保されるのです。

また、経営力向上によって持続的な事業展開ができれば、周囲では廃業が増え、新規参入が少ない業界だけに、案外生き残りのチャンスが広がっているということなのです。

だからこそ、経営力を高めるための経営品質の向上が求められているのです。

5.「代替品の脅威」を分析する

「代替品の脅威」を分析するうえで重要な視点は、「どの程度、代替品に利益の取り分を奪われそうなのか？」です。保険会社・保険代理店は、今後どの程度「代替品・代替サービス」に既存の利益の取り分を奪われてしまう可能性があるのでしょうか。

保険業界そのものに優れた代替品・サービスが登場・存在すれば、

たとえ業界全体の利益が多かったとしても、その「取り分」は代替品を提供している業界外の企業に奪われてしまうことになりかねません。そこで本節では「代替品・サービスに取り分を奪われやすい」条件の代表例を簡単に解説していきます。

代替品の数の多さ

　保険および代理店業界が「代替品・代替サービスの数が多い」場合、代理店が得られる利益の「取り分」は減りやすいことになります。これは当たり前のことですが、代替品・サービスの数が多ければ多いほど、既存企業が得られる「取り分」は小さくなっていきます。

　現状、生命保険ならば代替品は共済、不動産投資、投資信託等が挙げられますが、たとえば自動車保険の代わりになるものは、これまではJA共済等を除けばそれほどあるわけではなく、代替品等の存在によって取り分の減少が顕著になるとは思えませんでした。しかし、テレマティクス保険の登場により、今後は従来の代理店の利益の取り分は大幅に減っていく可能性が出てきました。

※「テレマティクス保険」とは、テレマティクスを利用して、走行距離や運転特性といった運転者ごとの運転情報を取得・分析し、その情報を基に保険料を算定する自動車保険のことです。

代替品の提供価値の高さ

　保険代理店業界に「より提供価値が高い代替品」が存在する場合、既存企業の「取り分」は減りやすいと言えます。たとえば、エステ業界の提供価値の1つに「痩せられること」があります。しかし、その代替品として頭角を現したのが、トレーニングジム業界のライザップです。ライザップは「結果にコミットする」と謳われているとおり、「痩せられる」という提供価値を約束し、かつ実証もしているため、エス

テ業界にとっては「提供価値の高さ」の面で脅威となり、「取り分」
が減りやすくなったわけです。

　保険業界では、これまで代理店がやっていた現場急行サービスを警
備会社が担当するようになってきたりしています。今はまだ警備会社
が、トップレベルの代理店が行っている質の高い現場での対応はでき
ませんが、今後はそのレベルの差は縮小し、そもそも事故の件数も激
減していくことが予想されています。

　別の次元では、楽天グループの提供する保険などが当てはまります。
楽天グループの経済圏にいる膨大なデータベースから顧客の個々のラ
イフスタイルを予想し、より適切な保険の提案を、既存代理店よりも
先手を打って行うことができるようになります。これら2つの事例だ
けでも既存の代理店網の牙城がいつまでも堅固な保証はありません。

代替品の安さ、コストの低さ

　業界に「よりコストが低い代替品」が存在する場合、あなたの企業
の「取り分」は減りやすくなります。

　たとえば同じエステ業界でたとえると、近年は家庭用美容機器(美
顔器やスチーマーなど)が普及しています。エステに通えば数十万円かか
るコストが、家庭用美容機器なら数万円で済んでしまうというわけで
す。結果、エステ業界は少しずつ家庭用美容機器という代替品に浸食
されはじめていると言われています。このように「よりコストが低い
代替品」が存在する場合、既存業界の「取り分」は減りやすくなります。

　保険業界の場合は、一物一価のため同じ商品を安く売ることはでき
ませんが、前述したようにテレマティクス保険などの自動車保険は大
幅に価格体系が変化していくことが予想されます。単に生保も損保も
通販が若干安くなるというレベルの話ではありません。

代替品業界の企業規模の大きさ

　業界に、これまで説明したような「代替品」が存在し、かつその代替品を提供している新規業者の企業規模が大きい場合、既存の業界企業の「取り分」は減りやすいと言えます。こちらもエステ業界でたとえると、代替品である「家庭用美容機器」を提供している企業の１つは、家電大手の一角であるパナソニックの子会社「パナソニック電工」であり、パナソニック電工は多額の広告宣伝費をかけて、エステ業界の代替品となる美顔器やスチーマーの普及を推進することができています。このように「代替品を提供している業界の企業規模」が大きい場合、その代替品に対して他社より多額の投資を行う余裕があるため、既存企業の「取り分」は減りやすくなります。

　保険の場合、保険会社が大企業ですから、楽天やソフトバンクに比べて規模で見劣りすることはありませんが、広告宣伝などの柔軟性やダイナミクスには大きな違いがあり、特に若い世代はそのような新興企業の広告宣伝に引き寄せられていくことは十分考えられます。

経営品質の高い保険代理店には明るい未来がある

　さて、ここまでお読みいただいたみなさんは、5F分析の「枠組み」と「ロジック」、そして「5つの要素を評価する視点」はご理解いただけたと思います。5F分析をフレームワークだけ見て表面的に安易な分析をすると、「現状の延長線上で今後どう適応していくか？」という程度の目先の視点に陥りがちです。

　しかし、保険代理店は一見収益性が低そうに見えても、意外と優れた戦略を導き出せる余地があることもわかったと思います。特に、市場収縮、不人気業種、低収益、業法の強い縛り、という一見すると厳しい環境に囲まれているわけですが、だからこそ新規参入が少なく、経営品質の高い既存の代理店にとっては、明るい未来が広がっている

ということになります。「現状を悲観」するのではなく、発想を転換し「現状を覆す」視点も持ち合わせていくことが重要となるのです。

　それゆえ社長が1人で将来のことを悩むよりは、チームメンバーとともに、5Fの視点で周囲の環境などを分析しつつ、どのように代理店の生き残りを図るべきか、何度も何度も話し合っていただければよいかと思います。

アイ・ステージ

経営品質カンファレンスの取り組み

株式会社アイ・ステージ　代表取締役　飛松哲郎

経営品質との出会い

　弊社は 1962 年、磯貝保夫氏が愛知県碧南市で碧南磯貝代理店として営業を開始し、三河地区を代表する有力保険代理店となりました。1998 年 2 月、それまで三井海上火災保険株式会社安城営業支社長だった私は、保険会社を退職して、この代理店の事業を継承し、株式会社碧南磯貝代理店を設立しました。

　2000 年、千代田火災海上保険株式会社の特級代理店認定に挑戦するにあたり、「経営理念」と「事業計画」等の策定を求められ、2004 年には、今度は三井住友海上火災保険の特級代理店認定に挑戦することとなり、この時もまた「経営理念」と「事業計画」の策定を再び求められました。このように、経営理念と事業計画策定の重要性はわかってはいましたが、あくまで保険会社から求められるからという程度の認識でした。

　2005 年頃を境に、保険会社の政策によって古参の個人代理店の合併がはじまりましたが、単に挙績の拡大による手数料アップを目的としたものであったため、募集人の思いや考え(価値観)の違いから、離合集散を繰り返していました。弊社においても同様に、複数の古参代理店との合流がはじまり、挙績だけは拡大していきました。

　その結果、生損保ともに業績は向上し、三井住友海上火災保険にお

いては最高ランクのハイグレードエージェント（HGA）認定を、そして東京海上日動火災保険においても、トップクオリティ（TQ）Ⅱ認定という高ランクの認定を得ることができました。一見代理店として順調な成長を遂げたように思えますが、残念ながらまだまだとても経営理念などとは程遠いものでした。

このような時代背景の中、弊社も周囲の多くの代理店と同様に社内に多様な意見や考え（理念やビジョンとはとても言い難いもの）が生まれ、企業としての一体感もない、ただ単に日々の数字をこなしているだけの募集人の集合体になりつつありました。そこで企業の核・幹となるものは何か、企業とはそもそも何なのかを考え悩み、いろいろなセミナーに参加したりするなど模索を続け、社名変更や事務所の移転等、いろいろな施策を打ってきました。しかし、肝心の社員のマインド・やる気・一体感はというと、今一つ盛り上がりに欠け、悶々とした日々が続きました。

そのような中、2015年2月に東京海上日動火災保険三河支店主催の「経営品質カンファレンス」に参加した際、望月広愛氏と出会い、優れた組織の事例研究会などに社員と共に参画することで、価値観の共有・共感や顧客満足、中でも特に従業員満足を向上させることの重要性を強く認識することとなりました。

それ以降、より強い代理店になっていくための最重要課題として、全員参画による経営理念やビジョン、それに向けての経営計画や組織の仕組みづくりに力を注ぐようになりました。

経営品質を学び、どのように組織風土が変わったか

このようなきっかけから経営品質を学ぶこととなり、最初に取り掛かったのは、全員参画による「経営理念」の作成でした。もともと設立当初から経営理念はあったのですが、正直形ばかりのものでした。そこで改めてつくり直そうということになり、全員参画で一人ひとりが意見を出し合い、何度も吟味を重ね、一年がかりで新しい「経営理

念」が完成しました。

"集う人の満足と幸せを追求し　地域と社会に貢献します"

　ここには、「社員・家族・お客様・地域の皆様すべての人が満足で幸せであるために、私達は労を惜しまず、未来永劫地域とともに共存できるように社会に貢献していきます」という思いを込め、社員全員で共有するようになりました。

　その後、徐々に全員参画の気運が社内に根づくようになり、役員のみで会社運営を決定していた個人事業から、社員全員が参画して決定する「会社組織」の運営に変わっていきました。

「いい会社」を創るために、自社の強み・弱みを再確認して分析し、PDCAを実践することによって、他社に学ぶ年輪経営を目指すようになりました。そして、こうした積み重ねが健康経営へと発展し、「従業員満足」や更には「顧客満足」の向上にもつながっていきました。また、「社会貢献」の重要性からBCPの取り組みをはじめ、さらにレジリエンス認証へとつながり、「独自性」を大切にする風土が根づいてきたと思います。

　今後、健康経営やBCPの取り組みを皆様に展開していくことで、自社の独自性をさらに伸ばし、SDGs（持続可能な開発目標）への貢献につながるように努めてまいります。そして、多くのお客様や地域の皆様に寄り添った代理店であり続けたいと考えております。

経営品質を学んで良かったこと

　経営品質を学んで得たことや良かったことはたくさんありますが、第一に社員に笑顔が増え、社内が明るくなり、また全員参画の話し合いの場も増えたため、社内が活気に満ち溢れるようになりました。

　その結果、自然発生的に従業員満足向上施策を徹底的に進めようという気運が高まり、社員の心と体の健康が何より第一と考え、健康経営への取り組みがはじまりました。2017年11月に健康宣言をし、集う人の笑顔のために、健康面は勿論のこと食事面・就業面・コミュニ

ケーションなどにおいて創意工夫を重ね取り組みを実践してきました。そして、2019年には日本健康会議による健康経営優良法人認定を取得し、また協会けんぽ愛知支部より健康宣言優良事業所として銀賞を受賞することもできました。

代理店業界初のレジリエンス認証

さらに、昨今の自然災害の脅威からBCPの重要性を感じ、取り組みをはじめました。BCPセミナーに参加して初めてBCPと防災の違いを知り、改めてBCPの重要性を再確認したため、そこでレジリエンス認証の取得にチャレンジすることになりました。

レジリエンス認証とは、今後いかなる事態や災害が発生しても、機能不全に陥らないシステムを確保した企業を目指し、事業継続(自助)と社会貢献(共助)に積極的に取り組む団体として認められることであり、2018年11月に全国の保険代理店では第一号となる「レジリエンス認証ゴールド(事業継続および社会貢献)」を受賞することができました。

また、社員の向学心が高まり、会社としても積極的に資格取得を支援するようになりました。現在、主な資格取得者は、CFP2名、AFP4名、損害鑑定人2名、相続診断士1名、中小企業診断士1名、経営品質協議会認定セルフアセッサー1名となっております。

経営デザイン認証に挑戦して

2018年には、「第1回経営デザイン認証ランクアップ認証」を日本の保険代理店第一号として取得することができました。

その際、これからの経営設計図の作成やトップヒアリングの準備のため、自分たちのありたい姿・描きたい将来図について何度も語り合いました。対話を重ねることで、互いの価値観の共有・共感・共鳴・共振を実感でき、その時の喜びを体感できたことが、今回のチャレンジの大きな収穫となりました。

経営品質向上活動を続けることで人の入れ替わりも自然発生的に起

こりましたが、不思議と良い人材に恵まれるようにもなりました。

「何があっても組織でお客様をお守りする」という風土を強みとし、現在「日本経営品質賞」への挑戦を目標に掲げ、組織風土と仕組みづくりに継続的に力を注いでおります。

　経営品質向上活動は決して突飛なこと、難しいことではなく、全社員が「正しいことを正しくやる」という当たり前のことを当たり前に継続することであると考えております。

　今後、経営の質を高め、お客様から感謝の言葉をたくさんいただくことで、全員が毎日ワクワク・ドキドキするような仕事ができるようになり、さらにまた、たくさんのアイ・ステージファンのお客様に囲まれるような会社を目指していきたいと思っております。

第 8 章

「働き方改革」から、
「働きがい改革」へ

ボトムアップ・エンパワーメント

　ここでは、働きがいを高めるには、どうすればいいのかについて考えてみたいと思います。1994年頃、『米国製造業の復活──「トップダウン・コントロール」から「ボトムアップ・エンパワーメント」へ』（中央経済社、H・トーマス・ジョンソン著）という単行本が話題となったことがあります。

　組織を運営していく中では、トップダウンで進むべき方向性や戦略を浸透・徹底させていく動きも必要とされることは多くある一方で、ボトムアップでメンバーの自発的な言動を起点にした動きこそが、より重要となるのだということが書かれた本です。

　そこで、社員一人ひとりが「主体的に動く」「自分で考えながら動く」といった組織風土を生み出すためのボトムアップ・エンパワーメントについて考えてみましょう。

エンパワーメントとは何か

　なかなか日本語に直訳できる言葉がないのですが、「empowerment」という言葉には、「権限付与」「権限移譲」「自信をつけて力づけること」というような意味があります。これは、『被抑圧者の教育学』の著者

ブラジルの教育思想家パウロ・フレイレが提唱した概念の1つで、昨今では教育というより社会学的、行動科学的、経営学的な観点で広く使われるようになりました。

　経営学的観点からは、「組織において抑圧的な状態に置かれている個人がその構造や要因を把握し、状況を変えていくための精神的な力、方法論を獲得できるように支援する」という意味合いになります。簡単に言えば、「会社でいろいろ押さえつけられたり、嫌なことばかりやらされたりして、不満がたまっている人が、自分の組織はなぜこんな状態になっているのかと疑問を持ち、その要因を整理して、課題を見つけ出し、状況を打開しようとすることを組織としても最大限支援していくこと」という感じでしょうか。

　組織がパフォーマンスを最大化するために、すなわち業績向上に向けて、従業員一人ひとりに責任を全うするための必要な権限を与え、個々の役割を果たしていくために自主的・主体的に行動できるように支援することが重要です。単なる権限移譲という意味だけではなく、従業員がいきいきとしながら自分が持ちうる力を最大限に発揮するようになることが重要なわけです。

エンパワーメントが必要な理由

　組織として1つの方向性に向かって動いていくうえでは、現実的には組織の上層部で戦略や戦術を決定し、それを徹底して全員に取り組ませるというやり方もあります。

　しかし、一定以上の規模の組織では上層部からの情報を全員に周知徹底するのに時間がかかるうえに、いちいち何かしらの判断を上層部に求めていては、スピーディな意思決定ができずに対応が遅くなり、チャンスを失うこともあります。

　また、社会・経済環境の変化が激しい昨今、個別の柔軟な対応が必要とされることが多々ある市場環境では、必ずしもトップダウンで決

定された戦略、戦術、施策が機能するとは限りません。

　そこで、各現場のメンバーが自主的・主体的に行動しながら自ら考えて判断することで、機会を逸することなく組織活動を運営することが必要になってきており、そのため、ボトムアップ・エンパワーメントを重要視する企業・組織が増えてきているのです。

エンパワーメントのために
リーダー・マネージャーがすべきこと

　企業内で行われる活動1つひとつは、組織として目指す方向性に沿っていなければなりません。そのためエンパワーメントの前提としてまずは、「理念」「ビジョン」「顧客価値」を明確にすることが必要となります。

　自分の組織の理念(使命、目的)やビジョン(到達可能などのような姿を目指すのか)、顧客価値(価値基準、行動指針)を明確にし、それを前提に全員が行動することで、今の自分の役割で何にどのように取り組むべきかを、組織に所属する一人ひとりが考えるようになります。

　また、何が優先順位の高いことなのかといった戦略を共有しておくことも重要です。実際にマネージャーが管掌する組織のメンバーに具体的に業務を担当してもらうときには、どの範囲の仕事を優先的に取り組んでもらうのか、また何をメンバー自身が判断して、どのような状況では相談・報告が欲しいのかということを予め明確にしておくことがとても大切です。メンバー個々にも期待と合わせてその内容を伝えることで、安心して仕事を任せることができ、一人ひとりのメンバーの働きがいも高まり、生産性や業績の向上に大きな力を発揮してくれるようになるのです。

人中心のマネジメント
「Teal 組織」とは何かを知る

　ここからは、働きがいの高いと言われる Teal 組織（ティール組織）について考えてみましょう。そもそも Teal 組織とはどのような組織のことを指すのでしょうか。

　Teal 組織という概念は、2014 年にフレデリック・ラルーによって執筆された『Reinventing Organizations』という本によって紹介され、話題となりました。このラルーの考え方の重要なポイントは、「旧来のマネジメント手法によって成果が上がっていれば、それが正解なのだと思われていても、実はそのマネジメントそのものが組織に悪影響を与えている可能性が高い」ということを指摘したことにあります。保険代理店のみなさんにとっては、このフレーズだけでもピンと来る人は多いと思います。

　Teal とは「青緑」のことです。ラルーは組織のフェーズを語るうえで、ケン・ウィルバーが提唱したインテグラル理論における「意識のスペクトラム（分光）」という概念をベースにしています。この理論では、人の意識は「Red → Amber（琥珀）→ Orange → Green → Teal（青緑）」の順で、より市場環境や周囲の変化を複雑にとらえようとすべく発展していくのだと説明されています。

　ラルーは組織フェーズを、「意識のスペクトラム」を用いながら 5 段階に分類して説明しています（図表9）。ここからはそれぞれの段階における組織の特徴を説明していきます。

図表9　意識のスペクトラム5段階

名称	特徴
Teal組織	「組織が大切にする目的と価値」の実現に向けて、その価値観にメンバー同士が共感・共鳴・共振しながら行動している
Green組織	自分らしさを自由に表現でき、そして、その人らしさを活かすこともでき、個々の主体性を発揮しやすく個人の多様性が尊重されやすい
Orange組織	階層構造によるヒエラルキーが存在し、それゆえ成果を出せば上の階層に昇進できる
Amber組織	明確に役割が決められており、厳格にその役割を全うすることを求められている
Red組織	特定の個人の力で支配的にマネジメントしている

進化 →

Red 組織

　この組織形態は「群狼」としてたとえられています。このような組織は常に短期的な目線だけで動いており、とりあえず今をどのようにして生き残るかだけ、保険代理店ならば毎年の目標達成だけに思考の焦点が当てられており、それに向けて、トップの思いつき的発言で組織が右往左往する状態となっていることが挙げられます。

　また個人の力に依存する組織のため、人が退職したり、入れ替わったりすると再現性がなくなってしまい、パフォーマンスも継続できない組織形態とも言えます。これは保険代理店に本当に多い形態です。

Amber 組織

　Red組織は個人の欲求の追求を最優先しますが、意識が次の段階へ進むとAmber組織へと進化します。軍隊的とも比喩されており、Red組織と比較すれば、少しは長期的な目線を持った組織に進化しています。

　Red組織では、マネジメントが特定の個人に集中していたため、不安定であったものが「支配する側」というマネジメントの役割をもっ

た階層を登場させることで、カリスマ社長など、特定の個人への依存度を減少させ、安定的に継続できる組織を目指すようになります。

　ただし、このような組織は、今置かれている環境が不変であるという前提のもとに成り立っています。そのため、多くの場合、非連続な環境の変化になかなか対応できないという問題を孕んでいます。形だけ組織化された代理店の多くがこの段階にとどまっています。

Orange 組織

　Amber 組織で対応できなかった環境の変化に適応するために発展した組織が Orange 組織です。この段階の組織は「階層構造によるヒエラルキーが存在し、それゆえ成果を出せば上の階層に昇進できる」というマネジメントスタイルであり、保険会社などのマネジメントはおおよそ Orange 組織のレベルにあると考えられます。

　この組織ではヒエラルキー内における流動性が付与される（転勤や異動、昇進・昇格の機会がある）ので、時代に合った能力や才能を持っている社員が力を発揮しやすく、Amber 組織と比較してイノベーションが生まれやすくなったと考えられています。

　しかしながら、負の側面も持ち合わせています。それは「人間らしさの喪失」です。絶えず変化が起こる環境で生存するために、競争を続けることが求められ、顧客ではなく社内の評価を優先し、「機械のように絶えず働き続けること」を助長してしまいます。代理店ではなく、多くの保険会社がこの状態にかなり当てはまります。

　日本において Teal 組織の考え方が急速に広まっている要因は、そもそも Orange 組織に当てはまる企業が多いことと、「働きがい改革」ではなく、形ばかりの「働き方改革」によって、機械化してしまった人たちへの警鐘が鳴らされていることの2つだと考えられています。

Green 組織

　このような契機から、機械化した人材が求められる組織ではなく、働く一人ひとりが本来の自分を見失うことなく、目的を持って働くことができるようにするにはどうすべきかを考えることで、Orange 組織から発展していったのが Green 組織です。

　Orange 組織のように単に目標を達成できればいいのではなく、組織に属する個々のメンバーの成長に焦点が当てられています。

　ただし、注意しなければならないことがあります。それは「組織としてのヒエラルキー(階層)は残ったままである」ということです。決定権限はあくまでマネジメント側にあり、明確に権限の委譲をどうするのかについては曖昧なままです。そのため、組織の文化としては多様性を認めているものの、組織の構造としてはヒエラルキーが残っているという状況は変わらず、自分で考え、主体的に行動できる一部のメンバーを除いて、多くの場合、Green 組織では依然として社長やリーダーが決定を下すことになるのです。

　もちろん文化自体は多様性を求めているため、社員にとっても心理的安全が担保されやすく、Orange 組織よりも格段に会社の雰囲気は良くなります。昨今、一部の保険会社はこのレベルに到達しつつあります。

Teal 組織

　Teal 組織の特徴は、あたかも「組織を１つの生命体」かのごとくとらえていることにあります。良い組織、強い組織では、所属する組織そのものはその組織に関わる全員のものとなっています。

　Teal 組織の１つの形態として考えられるのが「ホラクラシー経営」です。アメリカの EC 企業であるザッポス社(Zappos.com)がその代表事例として挙げられますが、誰かが指示や命令を出すというヒエラル

キー構造はなく、組織の目的を実現すべく、メンバー全員で共鳴・共振しながら行動するスタイルが求められています。

Teal 組織に欠かせない重要な 3 つの要素

Teal 組織においては、欠かせない重要な要素が 3 つ存在しており、それは以下のようなことです。

1. 組織の目的そのものが進化していく

従来の保険代理店のように、社長や経営層が意思決定を独断で行う場合、企業目的がそれほど変わることはありません。しかし、環境変化の激しい昨今においては、環境に合わせて組織の目的は変化すべきであり、その変化に合わせてメンバー全員で考えて行動し、反省しつつ組織の目的そのものも進化させることが不可欠となっています。

2. セルフ・マネジメント

指示命令系統のない組織であれば、メンバー全員が自己管理して目的を実現できるように行動することが求められるようになります。

3. ホールネス

自分の人格のあらゆる部分（「ポジティブとネガティブな部分」「強さと弱さ」「成功と失敗」）を受け入れ、あらゆる感情をうまく活用しながら、人生のできごとに効果的に対応できる状態のことを言います。

組織には、メンバーの多様性を尊重し、自己実現を促し、またメンバーが不安を感じないように心理的安全性を担保することが求められます。

Teal 組織の好事例

　ラルーは著書において、「Teal 組織を実現している真に先進的な企業は、まだほとんどない」と言及しています。

　なお、著書内では、世界最大のトマト加工会社モーニングスター社の事例が挙げられています。ザ・モーニング・スター・カンパニーは、世界最大のトマト加工会社でトマトケチャップやトマトソースなどの生産で全米シェア 25 〜 30% の実績があります。従業員は約 400 名で年商約 63 億円とも言われ、成長を続けている企業です。ここでは、従業員全員がマネージャーで、部長や課長といった役職や昇進は一切ありません。

　自分のミッションを設定したのち、行動計画を作成して合意書に明記します。合意書は全従業員に共有され、従業員にはすべての決定権が付与されます。報酬は、合意書に対する結果をその従業員の仕事に関わる他の従業員が評価します。自分の仕事に必要だと思うことに関しては、上司の決裁を受けることなく自身の判断で行動に移せます。保険代理店がとても参考となる事例ではないでしょうか。

　そのほか、参考になるのが、オランダの非営利団体であるビュートゾルフ（Buurtzorg）です。2006 年に設立されたビュートゾルフは在宅介護支援の新しいモデルを提供する組織で 2007 年では 1 チーム 4 名でしたが、今では 24 カ国に 850 チームが存在し、1 万人以上の介護士・看護師が所属する組織となっています。顧客満足度・従業員満足度ともに高い組織です。

　かつてビュートゾルクでは、安く質の低いケアが繰り返されていました。しかし、Teal 組織のマネジメントが導入されたことで、それまでの効率を追求するあまり画一化された業務を、看護師が自分の専門性を発揮しながら全プロセスに責任を持つ運営に転換することに成功しました。

　この組織には、マネージャーやリーダーが一人もいません。バック

オフィスに約40名、コーチが約15名いるだけで、その役目は看護師のサポートに徹しています。看護師同士のコミュニケーションは、専用アプリによって行われ、セルフ・マネジメントと全体性のバランスが効率良く保たれ、Teal組織として実際に機能しています。全チーム向けに行動指針として「Buurtzorg Study」が共有されており、実際に全メンバーがこの指針に沿って働いています。

　Teal組織を理解する目的は、自社の組織を客観的に把握するための物差しを身につけることです。経営品質のアセスメント基準は、この物差しになり得るものです。

　しかし、保険代理店の多くの方にとって「Teal組織なんて夢物語だ」と感じているのではないかと思います。そして、ほとんどの代理店ではTeal組織を実現することができていません。しかしトップ保険サービスだけでなく、これまで紹介してきたオフィストゥーワン、diiなどは、10年にも渡る経営品質向上のプロセスを通じて、数少ないTeal組織を実現しているように思えます。

　そのプロセスとは、Teal組織へと発展していく組織の5段階のフェーズを理解することにほかなりません。そして経営品質のアセスメント基準が自社の成熟度を客観的に見る際に、有益な基準になりえるのです。

第 9 章

健全、賢明かつ働きがいのある
組織づくりのコツ

目指している健全な状態を明確にする

　みなさんは、そもそも健全、賢明かつすばらしい組織の状態はどのようなことなのかを、組織・代理店全員で突き詰めて考えているでしょうか。特に、賢明な組織づくりという発想はあるでしょうか。また、そもそも賢明な組織状態とはどのようなことを意味するのでしょうか。

　ここで言う賢明な組織状態とは、「知識創造」や「卓越した能力を創造する力」を生み出すことのできる状態を意味しています。私は、病院、飲食業、カーディーラー、ホテル、メーカーなど他業種の事例を活用して代理店のみなさんに研修などをすることが多くあります。

　その理由は、それらの業種をよく知ることが、クライアントたちが、特に保険の法人営業において、リスクや課題のソリューション提案をする際に大きな参考にもなるからで、そもそも経営の本質は業種業態の違いはなく、共通だからです。

　しかし、一部の代理店の方からは「他業界はいいから、他の保険代理店のやっていることを教えてほしい」ともよく言われます。これはこれでやっているのですが、悪い代理店の事例ではなく、当然成功しているトップ保険サービスのような代理店の事例を勉強していただきます。

　そのような場合、卓越した代理店の仕組みは参考になりますし、そ

のまま真似ることができるネタも数多くあります。ところが、代理店の社長が社員たちに「うちもあのようにやろうよ」と言えば、社員たちは「あそこは××だからできる」「うちは△△だからできない」という、できない理由ばかり否定的に考えてしまうことも多く見受けられ、逆効果になってしまうこともあるのです。

　ここでみなさんに着目していただきたい最も重要なことは、「簡単に真似ができる」ことではなく、その会社が、「なぜそのような状態を可能にできたのか」というプロセスです。他の保険代理店のやっていることを勉強した場合、コンテンツの真似ばかりに目がいってしまい、本当にその代理店を強くする「なかなかできないことを可能にした組織能力向上のプロセス」に目が向かなくなってしまいがちです。

　そして、そもそもそのようなことを可能にできる健全な組織の状態とはいかなるものかを、みんなで考えることが後回しになってしまいます。これではいつまでも真似ごとしかできない代理店の状態から脱却できませんから、独自能力もつくられません。

　本当に強い代理店は、自分たちで独自の仕組みを生み出せる高い能力を有しています。そして、そのような代理店に共通して言えることは、他の代理店から仕組みを真似るのではなく、他の代理店が気づかないうちに、他業種から新たな組織能力向上のきっかけを見つけ出すことができているということなのです。

　ここで、健全な組織の状態とはどのようなことかをまとめてみると、以下のようになります。

■組織も個人も正しいことを正しくやっていること
■良好な人間関係とコミュニケーションが保たれ、精神的消耗や苦痛が最小であること
■それにより、きわめて生産性の高い仕事ができること

これらは業種・業態の違いを超えた共通点です。

他代理店の仕組みを学ぶことも特に悪いことではありません。組織の歴史が浅い代理店においては重要なことでもありますし、これまでのように、目先のことだけ考えていても、まだ保険が売れた時代なら問題もありません。しかし、安易に真似ることで目の前の課題は乗り切れたとしても、それは毎回、綱渡りにすぎません。いつも後追いすることが風土として染みついてしまっている代理店は、根本的なところから健全な状態をみんなで真剣に考え、独自の仕組みを創り出そうとしている代理店に、いつまでも追いつけないのだということは知っておかなければなりません。

正しい「現状認識」ができているか

自身が思っている自分や自代理店の姿と、顧客から、あるいは周囲から見られた自分や自代理店の姿が一致しているかどうか、ここに乖離や思い違いがないかを知ることはとても重要なことです。

たとえば、一時代前の感覚で、保険会社に対して上から目線の発言をしている代理店は今でも多数見受けられます。

しかし、保険会社の人たちの本音から考えれば、上から目線の売ってやっている的な発言に反感は覚えても、これまでより協力しようという気にはなりません。そのような態度をとってしまいがちな代理店は、知らず知らずのうちに顧客に対しても、上から目線になっている可能性があります。

自分は正しいことを言っているのに、なかなか理解されないのはなぜか？　と悩んで悶々としてしまう代理店も多いですし、その気持ちもよくわかります。しかし、その釈然としない理由の大半は、自分が思っている自分と、周囲が思っている自分が違うということに気づいていないということに帰結することも多いのです。

この点は対保険会社だけでなく、対顧客も同じです。周囲から思われている代理店の現状をどのように認識しているのかを、社長だけで

なく、全員で明らかにしていくことはとても重要なことで、経営の質を高めるうえでも欠かせない要素となります。

　これは営業にも通じます。その代理店が保険商品や各種サービスを通じて、自分たちが提供しようとしている価値はどのようなものなのかを冷静に考えることはとても重要です。なぜならば、自分たちにとっては良いことだと信じていても、顧客から見れば、たいして価値のない、ときには必要のないことだったということも数多く見受けられるからです。

　さらに、自社の独自商品・サービスかのごとく一所懸命に顧客に説明していても、それが業界一般で提供されている商品やサービスであれば、顧客から見ればたいしたことではありません。困ったことに、顧客はそのように思った本音を正直に話してくれません。

　今後の生き残りをかけた差別化のために重要なことは、代理店の現状、独自のユニークなコンセプトを生み出せているかどうかを認識し、できていなければ、将来、こんな価値提供ができる代理店になりたいと共通認識を全員で持つことです。このようなプロセスこそが、顧客から見ても、社員から見ても、他社とは違って魅力ある代理店だなと思ってもらえるための重要なポイントとなっていくのです。

　もう少し具体的にその手順を説明すると、まずは市場環境と競争環境の現状と今後の変化をどのように認識して、そこからどのような課題を導き出せているかということが大切となります。代理店のみならず、各代理店の個人顧客にとっても、法人顧客にとっても市場環境と競合環境の変化にどう対応していくかは最大の関心事です。

　代理店自身が自分事として、どのようなプロセスでこのような変化に対する課題を認識し、リスクに対する対応策やソリューションを考えているのかを実例として顧客に紹介していくことは、個人顧客にとっても法人顧客にとっても役に立つありがたい話となります。

　このような市場環境と競合環境の変化予測には、前述したSWOT分析、5Forces分析などといった基本的経営手法が有効です。だから

こそ、このようなことを代理店全員で勉強し、実際に活用したり実施したりしていくことが、自社およびクライアントの経営の質を高めるうえでとても役に立つのです。

　SWOT分析や5Forces分析については第6章で説明しましたが、東京海上日動火災保険には、このような基本的な経営手法に基づいた、「中計ナビⅡ」という仕組みがあります。どの代理店もそれを活用して中期経営計画を策定できるようになっていて、自分たちが囲まれていたい顧客のターゲットとその顧客ターゲットごとの要求・期待、顧客ターゲットや競合環境の現状と今後の変化はどういうものか、そこから導き出される優先課題は何かを、代理店が全員で定期的かつ継続的に話し合い、明らかにしていったものを簡単に入力できるようになっています。

　このような戦略的優先課題の抽出に向けて、現状認識と将来の変化を全員で話し合うプロセスを大切に考えている代理店と、目先のことしか考えていないわりに、その現状での価値提供の現実やレベルさえもきちんと全員が認識できていない、すなわち「海図＝ナビゲーション」なき航海を行っている代理店のどちらに明るい未来が待っているかは、簡単に想像できるのではないかと思います。そう考えると「中計ナビⅡ」とは言い得て妙だと思います。

正しい「競合認識」ができているか

　競合の認識は戦略を策定するためには必要不可欠です。特にマーケットが変化するスピードの著しく激しい昨今において、代理店と言えども将来の変化をみんなで読み込んでいくことはとても重要なことになってきています。なぜなら、今までの延長線上で仕事をしていても、もう簡単には数字は上がらないからです。

　今までの延長線上とは違う発想の新たな競合の動きについて、少しだけ触れておきたいと思います。

数年前、朝日火災海上保険株式会社が楽天グループ入りしたのですが、一部大手保険会社の人たちの中には、「うちの四国の２県くらいの規模の会社を買収してどうするんだろう？」などという発言をする方もいました。しかし、その程度の発想をしているようでは、従来の発想からまったく抜け切れていないことを示しているとも言えます。

　楽天グループは、生保も損保もまったく別のディメンジョンで保険をとらえているように私からは見えます。

　たとえば、従来の保険会社や代理店であれば、自動車の車両入れ替えの際、ほとんどの場合車両の購入段階や購入後代理店に連絡が来ます。

　しかし、楽天は顧客がネットで中古車や新車のサイトを見ている段階で、「もし車両入れ替えをお考えのようでしたら、今度はこのような保険が適切ですよ」などと事前にお知らせすることができるインフラがあります。

　夏休みの旅行の際も、旅行が決まったときに旅行傷害保険の連絡が来たりするわけですが、ハワイ旅行のサイトを見て計画している６月頃に、「もし夏の旅行を検討しているようであればこのような保険がありますよ」とか、「今の保険ではここまでしかカバーできませんよ」とアドバイスすることも可能になります。楽天市場で子どもの入学に向けての用品を検索していれば、学資保険の提案も早めに行うことができます。

　既存の保険会社や大半の保険代理店のように、保険のことだけでお客様とつながっているのではなく、楽天グループにとっては、保険事業はライフスタイル全般（楽天経済圏）のアドバイザーとしての役割を果たすことができるようになるための重要な位置づけになり得るのです。

　このように、従来の保険代理店とはまったく発想の違うディメンジョン（軸）で保険事業に取り組もうと考えている異業種が業界に参入してきています。

こんなことは保険会社が考えることで、代理店には関係ないと思っているようならば、将来は不安です。トップ保険サービスや直資の損保ジャパンパートナーズといったところなどでは、中長期計画策定や見直しの際、顧客を取り囲む市場環境の変化の予測もしています。

　たとえば、自社のメインターゲットである、大企業、中小企業、団体、医療機関などを取り囲む市場環境が将来どのように変化するのかを予測し、そのときに重点顧客がどのような悩みやリスクに囲まれることになるのかを全員で想定し、その変化予測に沿って将来の商品・サービスをどのように提供していくのか、そのためにはどんな人財の集団になるのかを、毎年繰り返し考えているのです。

　さらに、競合企業の動きを予測していくことも重要です。同業の専業代理店はどのように変化するのか、有名な代理店でも経営者が変わったらどうなるか、ディーラーの動きはどうか、カーシェアが進んだらどうなるのか、地方銀行の統合が進んだら金融機関はどうなるか、などです。

　それらの競合に対して、将来に向けて自社はどのような独自の価値を創造し、顧客に提供し、生き残るかを考えることはとても重要です。なぜならば、このようなことは常に考えていないと、他社に差別化できるような商品・サービスなどは簡単にはつくり出せないし、明るいビジョンがなければ若い社員は働きがいを感じないし、入社してくれないからです。

　その際、保険会社、社会保険労務士、修理工場や提携代理店など、ビジネスパートナーも一緒になって独自の価値を考える必要があるということも念頭に置いておく必要があります。ビジネスパートナーの視点も加味して、戦略課題を設定していくことが大切となり、そこから組織の変革をどのような方向性、ストーリー、そして論理を導き出していけるかが勝負の分かれ目となります。

　これまでは、保険会社の言われたことだけをやっていれば何とかなっていた時代であり、行き当たりばったりの経営をしていても何とか

なってきた保険代理店業界ですが、2020 年以降の 10 年を考えるとそれほど甘い業界ではないことはみなさんもおわかりのことと思います。しかし、だからこそ将来を見据えて、恐れず自社の現状を全員で直視することができれば、生き残りの第一歩になると思います。

トップ保険サービス

日本経営品質賞受賞への道
保険代理店が経営品質に取り組む理由

トップ保険サービス株式会社　代表取締役社長 兼 お客様サービス部長
野嶋康敬

　弊社は、一昨年 2017 年度日本経営品質賞というたいへん名誉な賞をいただきました。

　望月先生をはじめ、経営品質協議会、ご指導いただいた皆様に心から感謝申し上げます。

　とくに、保険代理店向けの教育ツールを作成された東海ノンマリンサービス株式会社の冨永社長、研修を推進してくださった東京海上火災保険株式会社の金杉常務(当時)には感謝してもしきれない思いです。

　この受賞は九州初、保険業界としても第一生命様以来 17 年ぶりとのことで評判となり、全国で講演をさせていただく機会をいただきました。

　その中で、受講者の皆様からいただいた一番多くの質問は、「どうして経営品質に取り組もうと思われたのですか？」というものでした。

　弊社が「経営品質」という言葉を知ったのは 2002 年で、以来長い時間をかけてぼちぼち勉強をし続けたことなので、とても一言で説明できないのですが、当時から勉強させていただいた歴代受賞企業(千葉夷隅ゴルフクラブ様、リッツカールトン大阪様〈米国経営品質賞〉、ネットヨタ南国様、ホンダカーズ中央神奈川様、川越胃腸病院様など)には、共通の考え方がありました。

　それは、

「組織が、お客様や従業員、社会から『ずっとあり続けてほしい』と応援され、結果的に業績や収益が向上し続け、今後10年・20年・・・と永続し続けたい」

という思いでした。

私は経営品質とは、まさにこのことを達成するためのツールではないかと思っています。

実際、日本経営品質賞の審査員の方々もこの点を最も時間をかけて厳しく審査されました

「顧客価値」「独自能力」「従業員重視」「社会との調和」この4つの基本が、「理念」（その組織のあるべき理想の姿）ときちんとつながってバランスが取れている状態。これを達成できれば長期的な継続と繁栄をつかむことができるのではないかという仮説のもと、経営品質というツールは「変革」し続けています。

保険代理店にとっても「継続」「永続」は、経営者のみならず、従業員やその家族の最大の望みなのではないでしょうか？　特に保険代理店の大規模化が進む今、企業体としての喫緊の課題かもしれません。

とくに従業員の問題は深刻です。保険会社でさえ苦しんでいる人の問題を代理店がどう解決すればよいでしょうか。当社は10年以上新卒のみの採用活動を続けていますが、その競争は毎年厳しさが増しています。

新卒社員の最大の関心事は、「安定」しているか？　「安心」して働けるか？　であり、「稼ぎたい」「働かないと食べていかれない」といった学生はほとんど絶滅しているといっても過言ではないと思うのです。さらに彼らは「働き甲斐」を求めています。草食系などといわれる現在の若者も、「やりがい」や「役に立っている」ということへの渇望は常に持っています。

これからの企業はこの安定、安心、やりがいを従業員に与えられないと永続どころか継続もままならなくなるのではないかと思います。

やりがいは一人ひとり違います。すべての人のやりがいを満たすことはかなり困難です（部署が限られている小さな企業は、なおさらです）。

そこで必要なのは「理念＝組織の理想の姿・あるべき姿」です。理念を使ってある程度同じやりがいを志向する社員だけを集めることです。

そうして同じ方向を向いている社員を集めてもそれだけではうまくいきません。

その社員が持つ「自分でコントロールしたい」という欲求を満たさなければ、やりがいは継続しません。経営品質の「従業員重視」とはこういったことですし、そのために自立型組織が必要だとしているのです。

安定した経営はどうしたらよいのか？　これはかなり難しい問題です。

まず、社長に覚悟が必要です。社員がやりたくない仕事を一手に引き受け、成果を出していかなければなりません。また逆説的ですが、安定するためには「変革」（イノベーション）が必要です。世の中は日々変化しているのですから、企業も常に変革し続けなければ、経営が安定することがないのです。経営品質では「イノベーション」は起こすものではなく「取り組むもの」と定義しています。お客様の声なき声を起点に、自立型組織で常にイノベーションに取り組む「仕組み」が必要です。

安心な会社は、あまり難しくないかもしれません。従業員を大切にする風土をつくり、毎年適正な利益を上げ続ければよいのです。無理な経営さえしなければ達成できると思います。

もちろん当社がこれらを全部できているわけではありません。先輩受賞組織に比べたらまだまだ、よちよち歩きの赤ちゃんみたいなものです。

これからも経営品質という考え方のもと、社員全員で一歩一歩進んで参りたいと思います。

お客様のために、従業員のために、社会のために「永続」する会社を目指して。

おわりに
——ダイバーシティマネジメントの本質

できる保険代理店は組織的に
「教養＝リベラルアーツ」を高めている

「リベラルアーツ」という言葉が、昨今よく聞かれるようになってきました。日本語に直すと「教養教育」と訳されることもありますが、本質はすこし違います。「教養」という言葉を聞くと、従来の大学の教養課程などで行われていた「教養教育」＝「専門教育の前に学習する高校の延長」というようなイメージを浮かべる人も多いと思います。私の大学時代とは違い、この20年ほど多くの大学では「社会の役に立つ人材」を育てようということで、できるだけ早く専門教育を行い、その専門的能力の高いスペシャリストを育てようという流れが加速していました。しかし、そうなると自分の専門のことは詳しいけれど、それ以外のことはあまり知らないという人材が生み出され、社会に送り込まれていきます。

　また、最近の大学入試においては科目数がとても少なくなっているので、高校生は入試に出る科目のみを集中して勉強するようになります。そうすると、たとえば理工系では、「数学と物理と化学には詳しいけれど、それ以外の分野はほとんど知らない」といった学生が、文系でも「法律や経済は知っているけど、科学技術も文学も知らない」といった学生が増えてしまい、そのような教育体系から巣立った学生が社会人になっているわけです。

　でも、そのような偏った教育を良しとしてきた人たちが保険業界の仲間になった場合、保険会社や保険代理店を取り巻くいろいろな問題に対処することができるでしょうか。現代社会の問題はさまざまな要因が絡まり合っています。

　たとえば、原発の問題に対処するにも理系と文系の両方の知識や知

256

見が必要です。高齢化の問題に向き合うにも、心理、経済、社会福祉などのさまざまな分野の知識や知見が必要になるでしょう。代理店にたとえると、保険の知識に関する専門教育だけを受けてきた人がお客様の「役に立つ」とは限らず、幅広い「教養」を持っている人やチームが必要とされてきているのです。

答えがない問題にどう対処するか

効率的に専門知識を高めることが良いことだと育てられ、良い学校を出た人たちが保険会社や代理店に入社すると、「すぐに正解を求めてしまう」ことも大きな問題になっています。これは15年間MBAの教育に携わってみて強く感じていたことです。

特に、一流保険会社の社員のような優秀な人たちは、優秀な学校に入るため、幼稚園や小学校の時からずっと「早く正解」を求める勉強をし続け、育てられ、優秀な人材として超人気企業である各保険会社に入社しています。だから物事には必ず正解があって、その正解を素早く見つけ出し、素早く解答用紙に書くことができれば優秀なのだと信じている人も多いと思います。

しかし今の社会、あるいは保険業や保険代理店を取り囲む環境で起こっていることは、1つの正解を見い出すことが難しいことや問題ばかりです。それは、私たちの仕事は自然科学ではなく社会科学なので、答えがいくつも存在するからなのです。SDGsにしても、新型コロナウィルスのパンデミック対応にしてもしかりです。

グローバル化が進む中で国際紛争も一向に減らず、民族も宗教も違う人たちが「自分の考えは正しい」と言い争っています。同じアジアの国同士でも同様です。その中で一方的な「正解はこれだ」という発想は役に立ちません。日本の中でさえ、生まれや立場の違う人たちは、まったく違った意見を持っています。1つの家庭の中でも、お父さんとお母さん、兄弟姉妹でも考え方は違います。

そのような状況の中で「正解を見つける」ことよりも、ものの考え

方・感じ方が違う人たちの中で、いかに他の人たちの立場を理解し、他人の主張の本質を考え、自分の主張も述べつつ、共存していけるのかを考えることこそが問われているのです。昨今、SDGs や保険会社が提唱しているダイバーシティマネジメントとはこのようなことです。

そこでは、「1つの正解」よりも「多様性を理解すること」こそが、とても大切になります。たとえば海外の文学を読んでみたり、どこかの国の映画を DVD で見たりすれば、その国の国民性は、以前より容易に理解できます。

保険会社の人も、保険代理店の社員も顧客や仲間の心理や人間関係のあり方を知っていた方がいいはずです。「物事にはいろいろな見方や考え方があるのだ」ということを組織的に学んでいくことが、顧客に対してリスクコンサルティングを進めるうえでは不可欠です。

多様な見方ができるとは、「他の人の言っていることを鵜呑みにしない」ということでもあります。どんなに偉い人が言ったことでも、必ずしも正しいとは限りません。ある時代のある場所では正しくても、ほかのところでは通用しないかもしれません。だからそれをすぐに信じてしまうのではなく、自分の頭で考え、自分で発言し、自主的に判断し行動することが求められているのです。もちろん、そのように自分で判断するためには、「たくさんのことを知っておかなければならない＝教養を高めなければならない」ということです。

そのため、本書で何度も紹介したトップ保険サービスなどでは、全員で中国の古典を読んでみたり、私の知るほかの多くの代理店でも雑誌「致知」や倫理法人会の「職場の教養」などを使って勉強会をしたりしています。このようなことが、すなわち「教養＝リベラルアーツ」を高めることにつながるのです。

「リベラルアーツ」という言葉は元々ギリシャ・ローマ時代の「自由7科」(文法、修辞、弁証、算術、幾何、天文、音楽)に起源を持っています。その時代に自由人として生きるための学問がリベラルアーツの起源でした。リベラルアーツは、簡単に言えば「人間を自由にする教養」と

いうことです。

　現代の日本は自由な社会のように見えます。しかし、そんな中でも保険会社や保険代理店に勤務する多くの人たちが、これだけ生きづらさ、不自由さを感じているのはなぜでしょうか。

　昨今私たちが直面しているのは、上からのあるいは組織からの評価、SNSなどでの世間の目ばかりを気にして、そんなに簡単に見つかるはずもない「正解」を求め、そうしていないと不安にさいなまれてしまうという見えない意識の壁です。

　特に、一流高校や一流大学を出た優等生が多い保険会社の多くの人たちは、「評価されること」に執着し、がんじがらめになっているように見えます。しかし、それで本当に人として自由な生き方ができるのでしょうか。さらに、真の働き方改革ならぬ働きがい改革ができるのでしょうか。

　「評価されるための正解」にがんじがらめになっている人や組織は実はとても不自由で、そして結局のところ新しいものを創り出す創造性を欠く人や組織になってしまいかねません。

　それでは自分自身も働いていて楽しくないし、組織や地域や社会に貢献することもできません。そんな保険会社の社員ならば、決して代理店やお客様のお役には立てないのではないでしょうか。

　ダイバーシティマネジメントの本質はまさにここにあるのです。単なる男女均等、障がい者雇用、人種宗教の壁を乗り越えたグローバル採用に本質があるのではありません。

　リベラルアーツを学ぶことによって、もっと自分自身を多様な価値観に囲まれた世界へ目覚めさせ、より良い自分、より良い組織へと導くことができるのではないでしょうか。

　保険会社も代理店も、保険という狭い世界に埋没せず、リベラルアーツを広く学び、教養を高め、いきいきとした自分を発見していっていただきたいと思います。それが働きたくなるこれからの保険会社、保険代理店すなわち保険業となり、社会的評価の向上にもつながると

思います。

　2020年のコロナ騒動を契機に保険業界のあり方は大転換していくでしょう。今後10年以内に、顧客との対面募集や社内会議がオンラインで行われることが当たり前のようになり、それぞれがたとえ遠隔地にいても、契約に際して家族が同時に参加できるオンライン募集も可能となるでしょう。それに伴い、募集人の移動にかかる時間が大幅に削減される、商談の様子も後から対応履歴に打ち込むことなく、自動録画保存されることで「言った、言わない、聞いている、聞いていない」といったクレームも激減し、印鑑も不要となるなど、業界全体の生産性が向上していくことは容易に想像できます。

　これら多くのことは現在の保険業、特に苦労が絶えない生保販売職員の募集や、代理店に魅力を感じさせない要因となっていることばかりであり、これらが変革されていくことで、保険業そのものが魅力的な業界に変わっていく大きな力になると思います。

　しかし、テクノロジーが進化しても、本書で説明してきたように、普遍的な真理に基づく戦略、組織、行動そして思考プロセスの変革が伴わなければ、働きたくなる業界にはならないと思います。

　本書は、そんな人たちを少しでも応援できればという主旨で書かせていただきました。出版にあたり、RINGの会、保険のメールマガジン「inswatch」のみなさま、第一生命保険渡邉光一郎会長およびDSR推進室盛田里香様、東京海上日動火災保険のみなさま、損保ジャパン日本興亜保険サービス馬場信明様、代理店からはオフィストゥーワン芳賀孝之社長、アイ・ステージ飛松哲郎社長、dii永井伸一郎社長、そしてトップ保険サービス野嶋康敬社長にご協力とご理解を賜りましたこと、この場を借りて厚く御礼申し上げます。

　また、サポートしてくださった経営品質協議会と生産性出版のみなさん、理論体系の骨格を20年以上にわたり、ご教授くださっているマーケティングプロモーションセンター岡本正耿先生に厚く御礼申し上げます。

なお本書のタイトル「働きたくなるこれからの保険業」は某保険会社 OB の杉本憲一郎氏の提案によるものです。杉本氏に厚く御礼申し上げます。

著者

参考:東京工業大学リベラルアーツ研究教育院長　上田紀行教授　同大学HP

巻末資料

持続性をもたらす組織づくりのポイント
経営品質のアセスメント基準

　巻末資料として、持続的に卓越した業績をもたらす組織づくりのポイントを、私なりに経営品質のアセスメント基準に沿って実務的な解釈を添えて説明します。一部2017年度日本経営品質賞を受賞したトップ保険サービスの事例も織り込んでおります。経営品質をより勉強してみたいなど、ご興味のある方のお役に立てれば幸いです。

※トップ保険サービスの経営についてより詳細にお知りになりたい方は、「トップ保険サービス2017年度経営品質報告書要約」（発売：生産性出版）をご覧ください。

2020年度版カテゴリー・アセスメント項目

I.組織プロフィール
  1. 理想的な姿
  2. 現状認識と環境変化
  （1）商品・サービス　（2）顧客・市場　（3）競争関係
  （4）経営資源
  3. 変革のための戦略課題

II.カテゴリー・アセスメント項目
  1. リーダーシップ（100）
    1.1 リーダーシップ・プロセス（100）

  2. 社会的責任（50）
    2.1 社会的責任に関する取り組み（50）

  3. 戦略計画（50）
    3.1 戦略の策定プロセス（30）
    3.2 戦略の展開プロセス（20）

  4. 組織能力（100）
    4.1 組織の能力向上（60）
    4.2 個人の能力向上（40）

  5. 顧客・市場の理解（100）
    5.1 顧客・市場理解のプロセス（50）
    5.2 顧客の声への対応（50）

  6. 価値創造プロセス（100）
    6.1 主要な価値創造プロセス（70）
    6.2 支援プロセス（30）

  7. 活動結果（450）
    7.1 リーダーシップと社会的責任の結果（70）
    7.2 組織能力の結果（80）
    7.3 顧客・市場への価値創造プロセスの結果（100）

7.4 事業成果（200）

8. 振り返りと学習（50）
    8.1 振り返りと学習のプロセス（50）

組織プロフィール
1. 理想的な姿／ 2. 現状認識と環境変化（1）商品・サービス（2）顧客・市場（3）競争関係
（4）経営資源／ 3. 変革のための戦略課題

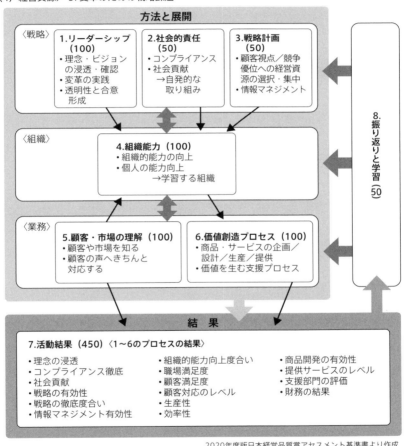

2020年度版日本経営品質賞アセスメント基準書より作成

※矢印（→）は筆者が追加

1. リーダーシップ

1-1　リーダーシップについての基本的な考え方を把握する

　経営幹部のリーダーシップについて、考えていきましょう。リーダーシップとは、「チームとして努力しようというやる気を喚起して、チームとしての目的を効果的に達成していくために、リーダーが、募集人や事務員などのメンバーに対して行使する影響力」のことです。

　リーダーシップの型は大きく分けると、専制型、民主型、自由放任型の３つのタイプに分けられると言われています。その中でも、強いチームを永続的につくっていくために民主的なリーダーシップが最も有効であるということは、長年の経営学者たちの研究からすでに実証されています。代表的なものとして、1938年のレヴィンによる研究成果があります。

　また、業績至上主義のマネジメントか従業員中心主義のマネジメントかという視点では、後者の方が結果として業績が高くなっていることも、1947年のリッカートの研究などによって実証されています。ここ数十年で、リーダーシップの役割は「戦略家から将来に対するストーリーの描き手へ」「命令者からストーリーの語り手へ」「管理者から変革促進者へ」と変化してきました。一昔前は、管理者は所与の条件下で効率を追求していればよかったのですが、現在ではリーダーには、経営の前提条件そのものの変化を予測し、それに対する変革のストーリーを創っていくことが求められています。

1-2　自組織のリーダーシップのタイプ、
　　　　スタイルはどのようなものかを知る

　創業か二代目か、オーナーか、雇われ経営者か、などにより、そのタイプやスタイルが決まりますが、どのような背景でトップになったとしても、重要なことはリーダーの経営動機です。そもそもトップは、いったい何のために会社を経営しているのでしょうか？　そこがとて

も重要で、どのような事業観、組織観を持っているのかによってマネジメントスタイル、リーダーシップのタイプ、スタイルが大きく変わっていきます。当然、タイプやスタイルの違いによって、リーダーがどのように力を発揮していけるのかも変わります。

　たとえば、以下のようなことは、リーダーシップスタイルによって大きく変わります。

・組織を重んじて上下関係や役職を活用して組織を動かすのか
・評価や人事の権限を活用して組織を動かすのか
・トップとしてあらゆることに強制的に指示を出すのか
・トップの専門性や能力の高さに組織が依存せざるをえないようにしているのか
・社員が一体となることで組織を動かそうとしているのか

　重要なことはトップダウンとボトムアップの融合がもたらす自立と自律によって、権限の委譲ができるようなエンパワーメントを実現できるかどうかです。規模の大小にもよりますが、小さい組織であっても、トップだけに頼って経営を行うことは、SDGsが叫ばれる昨今ではもはや持続性という観点において妥当ではありません。卓越した社長がいなくなったら、「はい、おしまい」では困るからです。

　事業継続のためにも経営幹部や社員がチームとして協力して経営を行っていけるのかがますます重要なポイントとなっています。チームの力を縦横無尽に活用して、どのように弱点を補い、チーム力を最大限発揮できるようにしているのか、これこそが、社長やトップのリーダーシップを評価する重要な視点となります。

1-3　経営理念・ビジョンとその意味、具体的実践への効果を確認する

理念やビジョンは、あればいいというものではありません。それが組織をまとめ上げるうえで大きな効果を発揮しているのかどうかこそが重要となります。また、ビジョンは戦略を導き出すものであり、個々の社員の具体的行動、実践を方向づけるものです。

したがって、理念がどのように効果を発揮しているのか、期待されるほど効果が発揮されていないならば、それはなぜなのかを理解し、必要に応じて理念やビジョンの見直しを行わなければなりません。さらに、日々刻々変わる組織能力をどのように評価し、方向修正をタイムリーにどう行っているかも重要です。

そもそもリーダーシップはすべての業務プロセスの基点となります。ですから、業務プロセスがうまく機能していないとすれば、それはリーダーシップスタイルにまで遡って、どこに問題があるのかを見直していく必要があるのです。

具体的には、以下のようなことなどです。

- ビジョンの浸透を通じて、社員や顧客から信頼されると感じているか
- ビジョンの意味理解を通じて、社員の思考力がどのように高まっているか
- 「事実前提(数字が企業目的)」か「価値前提(理念・ビジョンの達成が目的)」か
- 「部分最適」か「全体最適」か
- ビジョンの浸透、意味理解で混乱が起きていないか
- ビジョンには、組織の発展と充実感を目指す内的使命だけでなく、顧客への奉仕や社会的貢献を意図する外的使命が示されているか

2. 社会的責任

2-1　経営における社会的責任を自覚する

　保険会社だけでなく、保険代理店が自律的に社会とどのように関わり合っていくべきか、組織の社会観はどのようなものかということが、経営全体を左右する重要な視点になってきています。社会観の基本には人間観があります。経営品質のアセスメント基準では、社員に対して、組織として健全で善良な人間観をどのように育んでいるかを、社会的責任や貢献を行うプロセスをどのように組み立て、進化させているのかが大きな評価ポイントとなります。

　つまり、社会的な活動が計画され、実践されていたとしても、それが、保険業そのものが社会的事業だからそれでいいなどといったレベルで評価されるものではありません。なぜ自律的な社会活動が必要なのか、私たちは社会に対して何を果たさなければならないのか、顧客や社会からどのようなことが求められているのかについて、社長や社員の思いが共有されていくプロセスが、その組織にあるかどうかが強く問われているのです。

　また、そうした社会的責任に対して一人ひとりが関与するプロセスを通じて、社員が人間として磨かれているかどうかも重視されています。つまり、誠実さ、品格、正直さなど、健全で善良な人間として必要なことを共有したり、習慣化したり、組織の文化にしていく組織でなければ、正しい成長はないという前提で考える必要があるわけです。このことはSDGsでも大きな柱になっています。

2-2　組織として反社会的行動を防ぐために、良い組織風土をつくる

　多くの経営者が、社員の人間力や資質を高めようとすることの目的は、組織全体の倫理感を高め、働きやすく、顧客からも安心して接してもらえる組織風土をつくることだと言います。組織内のルールを厳

しく徹底したり、社員教育などでコンプライアンスの重要性を口を酸っぱくして話しても、社員たちの人間的な資質が低ければ、ルールを無視したり、ルールの網をかいくぐることばかり考える社員が増えていきます。

一方、組織の中で自分だけが不公平な扱いを受けたり、上から目線の管理が強すぎると、反発して、非倫理的な行動に走ったりするスタッフが出てきやすくなります。

組織の中で、どのように公平で公正なプロセスを確保しているかということが、反社会的行動を防ぐためには必要不可欠となります。

したがって、経営における社会的責任は、最優先課題として考えなければなりません。そのためには、フェアプロセスが重要になります。フェアプロセスとは、物事が決まっていくプロセスに積極的に参画して意見を言うことができる機会があること、あるいはなぜそう決まったのかが正しく説明されることなどを指します。一般に、フェアプロセスの確立に向けては、意思決定への参画の機会が与えられていること、物事の説明がきちんとされていること、自分には何が期待されているかが明確であることが重要だと言われています。

2-3　CSR、コンプライアンスなどの理解と徹底をどのように行っているか確認する

CSRやコンプライアンスについて、どのような手立てを打ち、正しいことを正しくやるというプロセスをどのように構築し、理解を深め、場合によってはガイドラインを制定し、それに沿って徹底が図られているのかについても確認することが重要です。

一人ひとりを組織として信頼することは大事なことですが、もしものときに備えて、問題を未然に防ぐ活動や、問題が大きくならないうちに歯止めがかかるように準備しておかなければなりません。これは顧客にリスクコンサルティングを提供している保険代理店そのものにとっても必要とされるリスクコンサルティングです。

一般的に、いつものようにしていれば大丈夫、こんなことはたいしたことはない、などと日常の忙しさにかまけて、気になることがあっても、つい見ていないふりをしたり、軽んじてしまったりする傾向があります。また厳しいガイドラインやルールを設定すると、会社は自分たち従業員を信じていないのではないか、との不信感が大きくなることもあります。こうしたことのないように、ガイドラインやルールの設定にみんなが参画し、主旨や危惧されることを業務に即して、きちんと理解し合うフェアプロセスをつくることがとても重要となります。

2-4　社会に対して持てる資源、ノウハウを役立てる方法を確認する

　個人や組織の倫理感が高まるにつれて、他者に対する貢献意欲が増大します。しかし、個人ではなかなか取り組みにくいものもあります。そのような意欲を活かし、個人と組織がその実践を通じて社会に貢献するプロセスにどのような意味を見出し、実行できているのかを確認する必要があります。

　このプロセスを通じて、他人への思いやりが育まれ、人間的な成長や顧客など相手を中心に思考する経験が育まれます。また、組織やトップに対する信頼関係が増大していくことにもつながります。

2-5　組織の社会認識をどのように高めているのかを確認する

　短絡的な利益や個人の生活の向上だけに焦点を絞ると、社会認識は無視されやすいものとなります。仕事を通じて、社会について興味や関心を持ち、より良い会社をつくり上げることに関わることを促すようなプロセスが高度化していくと、社会的弱者（子ども、老人、病人、障がい者、経済困窮者、失業者など）のサポートといった問題も、自分の問題としてとらえることのできる社員が増えてきます。

diiやトップ保険サービスの社会貢献の姿勢はすばらしいものがありますし、全国あちこちで多くの代理店が独自の社会貢献をしています。共通して言えることは、社会性の強い組織だからこそ、地域から信頼され、結果として顧客と一生涯を通じたおつき合いができるようになっているのです。まさしく「損して得取れ」「急がば回れ」です。

3. 戦略計画の仕組みづくり

3-1 自社独自の戦略がどのようにつくられ、展開されているかを確認する

戦略の策定においてとても重要なことは、自社の戦略を遂行するメンバーそれぞれが、戦略を策定・立案する一連のプロセスを理解し、そのプロセスを、互いにきちんと自分の言葉で説明できるかです。なぜならば、戦略が他人事なのか、自分事なのかの違いはここで大きく分岐するからです。

もう1つ重要なことがあります。それは、戦略を検討する際の考え方(理論)や筋道はどのようなことを前提にしているのかということです。戦略を策定する際に、データ分析ばかりに頼ると机上の空論に陥りかねません。その一方で、社員の経験や勘ばかりで策定される戦略も、きわめて説得力が弱い、頼りないものになりがちです。しかし、経験や勘も重要ですから、経営理論やデータ分析とうまくバランスをとっていくことも必要となります。

社員一人ひとりにとって納得性の高い、かつ成果をもたらす戦略にしていくためには、たとえばP.F.ドラッカーの『マネジメント』や、マイケル・ポーターの『競争の戦略』など実績に基づく理論もみんなで学び、実践していくことも大切となるのです。

3-2 独自能力を明らかにしているか確認する

年月を経るにつれ、どのような業界でも、企業の戦略は同質化して

いきます。保険代理店業界はその典型で、各代理店の戦略は保険会社の指導のもと、きわめて同質性の高い内容になっています。それでは差別化できないにもかかわらずです。

　そういう状況の中だからこそ、重要なことは競争の視点を持つことです。そこで、独自能力の磨き上げをどのようにしているのかを明らかにしていかなければなりません。自社の強み、すなわち独自能力がどのようなことかを、社員にも顧客にもきちんと説明できるかどうかが大きなポイントとなります。

　社員一人ひとりが、自社の強みを明確に説明できない代理店には、きちんと戦略を策定するプロセスがないということの裏返しです。要するに、自社の強み・弱みを全員で十分な時間をとって検討をするプロセスがないということなのです。これでは生き残ることはできません。

3-3　独自性、競争優位性を評価する

　戦略とは、戦ううえでの道筋を明確にすることです。そのためには、自社と競合他社の戦力分析はとても重要になります。一般的には独自性、競争優位性というのは、顧客評価による、他社との比較分析から明確にできます。そのためには、数多くの競合他社の中から、一番重要な競合企業や比較対象とされる組織、いわゆる仮想の競合を想定し、評価、分析を行っていくことを常態化することも、とても重要な視点となります。

3-4　戦略を全員に徹底するプロセス（展開力）と　組織能力向上の関係を評価する

　組織の戦略と個々人の目標管理がきちんと関連し、的確に運営されているかが重要となります。リーダーシップの役割は、仕事の結果だけを見るのではなく、人を見ることです。戦略の展開のプロセスの中で、個々人がやる気を持ち、成長していく的確な目標設定がなされて

いくことがとても重要となります。

　社員一人ひとりがやる気を高め、魅力ある組織づくりに向けて、責任を持ち、成長感や達成感を味わえるように、目標が展開できるようになっているかがとても重要なのです。特にここ数年、トップ保険サービスが力を入れてきたのは、このような戦略の策定と展開のプロセスの進化です。社長が一人で鉛筆を舐めて数値の計画をつくることだけが戦略ではありません。質の高い戦略策定と展開のプロセスこそ、質の高い代理店にとって不可欠な重要な成功要因となるのです。

3-5　経営にとって重要な各種情報はどのように活用されているかを確認する

　売上や利益のような財務情報だけを利用して経営が行われているようならば、その代理店は、トップダウンによる事実前提の経営スタイルになっている可能性が高いと言えます。

　一方、顧客の要求期待への対応によってつくり上げられる顧客価値や、自分たちが求めている理想的な姿に向けて会社の経営がきちんと行われているかどうかを確認できるような各種情報（顧客情報、商品サービスのプロセス情報、人材育成に関する情報、そしてそれらの連携から得られる結果としての財務情報）が経営の中心になっていれば、価値前提の経営スタイルを実践しているということになります。

　このような会社ではボトムアップの経営スタイルをとりやすく、リーダーの不慮の交代などがあっても揺るがない継続的な経営を成し遂げやすくなります。ちなみにボトムアップのリーダーシップスタイルとは、人事権や予算権限を与えるということではなく、経営における企画の権限を部下たちに与えていくことを指します。

　何より重要なことは、経営において重要な情報が明確に示され、その推移がきちんとマネジメントされ、それぞれの情報をいかに自ら代理店の独自性の発揮のために活用しているのかということになります。また、SDGsの推進にあたっても重要な要素です。

3-6　競合他社やベンチマーキング情報は
　　どのように活用されているかを確認する

　他社情報や優れた組織についての情報を活用することは、どの程度、自分たちが顧客に対して有効な価値を提供できているのかを判断するうえで、とても重要なことになります。競合他社の強み弱みは何か、他社に対して独自の価値(コアバリュー)を提供していくには、どういった情報が必要なのか、それは何のためなのかを代理店の中で全員がよく理解することが大切です。そして、そのような競合情報などを有効に活用していくことが非常に重要となってきています。

　別章で説明している SWOT 分析、5Forces、VRIO などの経営手法を知り、有効活用することを、トップ保険サービスなどは知っており、競合他社と比較した強み、弱み分析は非常に優れたレベルにあります。

3-7　情報の対象、活用範囲と活用のしやすさを確認する

　経営に関する重要な情報は、どのような範囲で活用し、どのように活用のしやすさを高めていくかを考えていかなければなりません。つまり、重要な経営に関する情報をどのように活用していくかを前提として、それをどのようにシステム化していくのかを考えていくことが大切になります。

　トップや経営幹部が必要な情報を絶えず把握し、全体のコントロールができるようにすることと、情報共有の仕組みを全員が考えていくことの両面が大切となります。営業プロセスや支援プロセスにおける一人ひとりの行動をより効果的かつ効率的に行えるように、全員で相互サポートでき、さらに全員で情報の活用のしやすさを高めることを考えることができるような会議などの仕組みをつくっていくことがとても重要です。

4. 組織能力

4-1 社員の積極性・自発性はどのように 促されているのかを確認する

　支配型、管理統制型のリーダーシップスタイルの組織では、多くの場合、社員たちは受動的、あるいは作業的にしか動きません。つまり、言われたことしかやらないスタイルでしか仕事をしなくなります。たとえ、経営トップがそうならないように配慮していたとしても、管理職や直属の上司がそのようなスタイルであれば、社員たちは必ずと言っていいほど強い影響を受けてしまいます。これでは一向に生産性が上がることはありません。

　生産性の高い組織にするには、社員が積極的で自発的に仕事・行動する参画型、自立型の風土が必須となります。そこで、それを阻害している要因があれば、それがいったいどんなことなのかを、組織として気づけるかどうかが重要です。

　そのために一般的には、社員満足度調査(ES調査)などによる状況把握の仕組みが活用されたりしますが、単にES調査などを行い、パーセンテージばかりを見るのではなく、衛生要因(必要条件)とやる気を高める要因とを切り分け、何が不満の源泉か、何がやる気の源泉かを、社員一人ひとりが自分のこととして検討するプロセスをつくることこそが重要となります。

　この点では、トップ保険サービスでは、社員によるプロジェクトである「みんな大好きチーム」がES調査の内容を検討し、結果を分析し、それに基づいてどう改善すべきかを常に考えています。

4-2 社員の能力、意欲を高めるための学習は、 どのように行われているかを確認する

　社員の能力、意欲を高めるためには、一人ひとりが互いの経験を補う学習が必要となります。そのためにこそ、意欲を高めるマネジメン

トとはどうあるべきか、ということを学習する必要があるのですが、ときには心理学や哲学、神学といった人や人のあり方を学ぶ学問も必要な場合が出てきます。

　トップ保険サービスでは、自主的な早朝勉強会で、論語や孫子などを学んだり、雑誌『致知』の勉強会なども全員で参加しています。また、知っていても実践できないのは、実践学を学んでいないということであり、いかに学んだことを実践につなげるかなども、社員たちが話し合っています。

4-3　原則(理念・経営哲学)志向がどのように展開されているかを確認する

　規則によって社員を縛る経営では、ルールを守りさえすればいいというような社員ばかりになり、依存的で下限志向、すなわち「もっと悪いところもあるんだから、うちはこの程度でいいのだ」と考えるような組織風土になっていきます。原則によってリードされる経営の場合、社員は自分で考えることをはじめ、上限志向、すなわち上には上があると考えるようになり、現状では満足しない組織風土となります。

　しかし、そうなるには時間がかかります。どのように工夫して、原則で考え、行動できるようになるか、そのためのきっかけを組織として与えたり、理念の重要性を認識して行動したりするように、背中を押しているかという点も重要なポイントとなります。

4-4　知識やスキルの習得プロセスはどのようなものかを確認する

　組織として、どのような知識、スキル、コンピテンシー(行動特性)を重視しているのか、どのようにそれらが積み重なり、変更されてきたのかを評価することが重要です。また、その習得に適したやり方をしているのかを確認することも大事なポイントになります。

　トップ保険サービスにおいては、全員参画で10年後のビジョンを

検討し、そこから戦略に落とし込み、その戦略の遂行にあたって、必要とされる能力が明確化されています。それをベースに「黒帯審査会」をはじめとする、一人ひとりの知識やスキルをみんなで共有化していく独自の能力向上の仕組みを編み出しました。このようなことができている代理店は希有です。

4-5　社員の思考力や対話能力は
　　　どのように高められたかを確認する

　最も強い組織は「学習する組織」です。学習する組織にしていくためには、社員一人ひとりの思考力を高め、対話プロセスを高度化することが欠かせません。そのためには、どのような場で、どのような対話を行い、どのように内容を深堀りしていくのかといったことを検討する場をつくり、それを促し、適切に育む仕掛けが必要になります。

　コーチングやファシリテーション学習の方法を取得するにとどまらず、実践でどう成果を出していくように仕向けるかといったプロセスを検討することも必要になります。

　トップ保険サービスではこのようなプロセスづくりを「経営品質会議」の場で実践しています。そうした場では、いろいろなプロセスそのものも見直され、思考パターンの見直しまでが視野に入れられています。このような場づくりが、強い組織づくりに向けてとても重要となるのです。

5. 顧客・市場の理解
5-1　自組織の商品・サービスの特徴を明確にする

　保険代理店の場合、個人顧客の要求・期待と法人顧客の要求・期待は、大きな違いが出てきます。多くの法人顧客は、ビジネスに関わる保険商品の契約やサービスの利用を行うので、その主要テーマはソリューションや問題解決であり、リスクマネジメントおよび、経営その

ものに対するサポートということになります。

　個人顧客の場合には、保険の購入やサービスの利用を決定する理由
は、必ずしも損得など合理的かつ理性的なものだけではなく、その保
険会社のブランドや代理店との関係性・親密性などの要素によること
も多く見受けられます。こうした顧客セグメントごとに商品やサービ
スを効果的に提供していくためには、それぞれの戦略セグメントごと
の重点ポイントの違いを明らかにすることがとても大切になります。

　ところが、多くの保険代理店は顧客層を戦略セグメントとしてとら
えることができず、ダボハゼ的に目の前の顧客に対して、経営資源の
優先配分など考えず対応しているため、人、モノ、金、時間などが無
駄に使われ、結果として成果が上がらないという悪循環に陥っていま
す。

5-2　主要な顧客の要求・期待をどのような方法、 プロセスで理解・洞察しているかを知る

　一般に既存顧客向けの満足度調査では満足したという顧客の回答が
多く、第三者に依頼する未購入者向けのマーケットリサーチはイメー
ジや感想にすぎません。ただし、多くの保険代理店の場合はこのよう
な基本的な調査さえ実施していません。トップ保険サービスは保険会
社が実施する顧客満足度調査によって、自社のサービスの位置づけを
毎年明確にしているほか、自社独自の方法でアンケートを実施してい
ます。

　さらに、このような調査のプロセスで明らかにすべき重要な課題は、
こうした調査を保険会社頼みでやっていれば見つけ出せるということ
ではありません。保険会社の実施しているものは、個別の代理店にと
っては「帯に短し、たすきに長し」となっていることもあり、そのよ
うな手法を用いる場合には、それだけでは不備なところをいかに代理
店独自の工夫で補っていくかが重要となります。また、単純集計結果
からは顧客の変化がよくわからないことも多く、それをどのような観

察や、社内および顧客との対話によって補強してとらえようとしているのかもとても重要となります。

5-3 顧客からの意見や苦情を取り組み、どのように改善に活かしているのかを確認する

苦情処理プロセスはクレーム処理という位置づけではなく、顧客を理解する重要なプロセスとして定義づけ、全員でそれについて話し合い、さらに、その情報を経営そのものの改善情報としてどのように活かしているか、という点まで踏み込んだ議論が必要となります。

トップ保険サービスにおいては、このような話し合いは、社員の半数が所属する「お客様大好きチーム」によって行われています。そこから全員参画の経営品質会議などに改善提案が上げられ、重要な経営情報として位置づけられています。

5-4 顧客の要求・期待はどのようなプロセスで明確化されるのかも重要

顧客の重要度ごと、すなわち戦略セグメントごとに、期待度、不満度、満足要因を把握していく必要があります。それをどのように把握・分析し、経営課題として明確化していくことが求められています。囲まれていたい主要な戦略セグメントごとに、顧客の特性や意向がどう推移しているかなども踏まえて、分析をきちんと行わなければなりません。

5-5 顧客が求めている価値をどのように明らかにしているのか、あるいは、顧客価値、コアバリューをどのようにして明確化しているのかを確認する

「顧客価値」には、「性能」「特徴」「規程品質」「信頼性」「耐久性」「サービス能力」「美しさ」「商品名」「サービスの視認性」「反応のスピード」「専門能力」「利用しやすさ」「礼儀正しさ」「コミュニケーション

力」「信用性」「安全性」「顧客を理解する力」「無理の利きやすさ」などがあり、顧客セグメントごとに、おおよそ、この中から3つずつくらいの要素が決め手になる価値になっていると考えられます。トップ保険サービスでは、この顧客価値を囲まれていたい主要な戦略セグメントごとに明確化して、それに沿った商品・サービスの提供をしています。

5-6　顧客価値の重視を、顧客の要求・期待を検討するプロセスを通じて、社内に徹底、共有させているかを確認する

　さらに重要なことは、これらの一連のプロセスから導き出される顧客価値を、組織全員に徹底できるかどうかです。もちろん、委託型代理店、勤務型代理店、提携代理店、パート社員に至るまでです。提供すべき、そして強みを発揮できる土俵で全員一丸となって、囲まれていたい主要顧客が求めている価値を提供できるかどうかが重要なことになります。

5-7　顧客の問題をどのように認識し、掘り下げ、解決策を提案しているかを確認する

　保険業界に限らず、顧客に対して問題解決の提案をしていくことが新たな価値を生み出すことになります。いわゆるソリューションの提案ということです。その場合、解決できる範囲や領域をどのように決め、また問題解決のために、問題を的確に整理し、組織としての優先課題を的確に定義できていているかどうかが決め手となります。

　そのためには、ここまで説明してきた段階に沿った問題解決プロセスそのものが社内で共有されているということが前提となります。多くの代理店では顧客の意向把握と簡単に言うものの、このような7段階のプロセスを定着させることなしに、組織としての真の顧客の意向把握などできるはずもないのです。

トップ保険サービスが日本経営品質賞を受賞した理由は、この段階に沿って顧客の要求・期待に応えていくプロセスがあり、それがメーカー(保険会社)の販売代理店ではなく、顧客の購買代理店として高く評価されたということなのです。さらに言えば、このプロセスを組織に定着させることは、とても時間がかかることであり、だからこそ多くの代理店が真似できないものになっているのです。

6. 価値創造プロセス

6-1　どのような価値をどのようなプロセスで、どのように提供しているのかを確認する

　代理店にとって営業の生産性・効率性を高めることも重要ですが、顧客にとっての価値提供という視点から現状の営業プロセスを見直し、社員全員で評価できるようにすることこそがより重要となります。現状の価値提供レベルを、社員全員で評価する力がトップ保険サービスにはありますが、顧客価値提供といっても漠然としていますので、「バリュー・プロポジション」という概念で整理してみましょう。

　この内容の本質はすでに前章でも説明しています。バリュー・プロポジションは、差別化戦略の基本となる以下の3つの価値提供の方向性を明確にしたものです。

　　・「プロダクト・リーダーシップ」＝商品・サービスでの差別化
　　・「オペレーション・エクセレンシー」＝業務の卓越性での差別化
　　・「カスタマー・インティマシー」＝顧客との親密性での差別化

　1つめの「プロダクト・リーダーシップ」という価値提供の方法は、今までにない商品やサービスの独自性を生み出すことで価値を創造していく方法です。したがって、これで他社に差別化しようと考えるのならば、独自の商品・サービスを企画するプロセスそのものが重要と

なります。しかし、代理店の場合、商品開発は保険会社任せということになりますから、この視点で他社に差別化することはかなり難しいと思います。

ところが、トップ保険サービスは、保険ブローカー的に新たな独自の保険を各保険会社と連携して生み出しています。これはそれだけの顧客ボリュームを保有していない限り不可能なことであり、この点は他の代理店はほとんど真似のできない領域になっています。

2つめは「オペレーション・エクセレンシー」という価値提供の方法です。

商品やサービスそのもので他社に差別化するということはできないので、商品やサービスを提供するオペレーション能力の高さ・見事さで、他社に差別化できるだけの価値を提供するという考え方です。この代理店は他社より素早く対応してくれる、余計な手間がかからない、やることに無駄がない、契約がきちんとしていて、間違いがない、というような価値で差別化を図ろうというものです。

通常であれば保険代理店の場合、前述のとおり独自の商品で差別化することは困難ですから、全国の有力代理店においては、このオペレーション能力の高さで差別化しているところが多いと思います。

トップ保険サービスの場合は、24時間365日の現場急行サービスで、この2つめのポイントでも他社にない強みを発揮しています。すなわち、ほとんどの代理店の場合、現場急行と言えば自動車事故の対応に終始しているわけですが、トップ保険サービスの場合は、工場の火災、海外事業所でのトラブル、船の沈没など、多様なリスクマネジメントに関する質の高い現場急行を、保険会社任せではなく代理店独自および連携した代理店網で行っています。私が全国の多くの代理店から耳にする「うちの事務員さんたちは処理が早くて正確で生産性が高い」ということも重要ですが、トップ保険サービスの場合はそれだけではないのです。

3つめのポイントは「カスタマー・インティマシー」、すなわち顧

客との親密性で差別化するという方法です。一時代を築いた代理店に多い強みです。

　この顧客との親密性で差別化している代理店は、顧客の微細な要求や、顧客自身も気づいていないような期待に対応していくための、きめ細かな気配りや対応に価値を見出すことをしています。ときには保険会社に、コンプライアンス違反すれすれの無理難題を言えるということで、顧客の要求・期待に応えていたようなこともあったと思います。しかし、この顧客との親密性で差別化することは、コンプライアンスの強化や、店主や顧客の世代交代によって非常に困難になってきています。

　トップ保険サービスと言えども、この点の克服は簡単ではないため、顧客との親密性で差別化する土俵は、北九州の中小企業経営者や主要な大企業取引先など法人顧客に焦点を絞っています。多くの代理店の場合、一般の個人顧客との親密性にこだわりすぎてしまうため、親しいが成長性のないセグメントの個人顧客を必要以上に大切にしようと考えてしまいます。結果として、重要な顧客が離れていってしまうという悪循環に陥っている場合が多々あります。

　いずれにせよ、自社の独自能力が、これら3つの中のどのプロセスにあるのか、どの領域でどのような価値を発揮し、独自性を生み出そうとしているのかを、社員全員で共有していくことがとても重要になってきているのです。

6-2　当たり前の価値ではなく、魅力的な価値にどのように焦点を当てているかを確認する

　保険代理店なら普通このくらいのことはやってくれるという当たり前の価値は、顧客にとってみれば、当然提供されてしかるべきサービスの内容や水準です。このような価値は他社も同じように提供しているレベルであり、差別化しにくく、顧客も差を認識しにくいものです。

　これまで多くの保険代理店は、保険会社から言われるがまま、他社

と同等レベルのサービスや品質基準をクリアすることが求められてきましたが、これはスーパーやホテル・レストランなど他の業界と比べてみると実に余裕のある話です。

　それができたのは、金融自由化後も、依然として原則一物一価で商品価格が守られた業界だからです。何度も言いますが、ありがたい業界で、日々、商品やサービスの差別化、価格競争でしのぎを削っている他業界から保険代理店業界に参入した人たちからすれば、きわめて楽な業界に見えます。

　一方、魅力的な価値とは、他社にはない価値、つまり自社独自に生み出される価値のことです。保険を取り巻く市場は、これまではずっと拡大してきたので、保険会社の指導にしたがって他社と同じことを同じようにやっていればある程度事業をうまく進めることはできました。しかし、間違いなく市場環境がきわめて厳しくなる今後は、どのように他社にない魅力的な価値を明確にし、そこに経営資源を集中させる明確な戦略を進めていけるかどうかが、とても重要な要素となります。

　そうなると、先述した、自社にとって囲まれていたい重要な顧客（法人・個人）セグメントの要求期待を、理解するプロセスとどう連動し、その自社独自の戦略顧客層に向けて、どのように新たな顧客価値を生み出せるか、戦略を組み立てていく必要があります。保険会社の指導にしたがっているだけでは、今後ますます同質化してしまい、他の代理店との差別化は困難になっていきます。

　これまで何度も述べてきましたが、トップ保険サービスはこの囲まれていたい顧客の戦略セグメンテーションの明確化と、それに沿って独自性を生み出す戦略がうまくリンクしています。

6-3　決定的重要成功要因は
　　　どのように明らかにされているかを確認する

　KFS（決定的重要成功要因）は前述のコアバリューから導き出されるも

のです。KFS は業界の常識から決められるものではなく、自分たちで、自社がどんな独自性で生き残っていくかを考えるプロセスの中から生まれます。

　一般的にコアバリューは、「プロダクト・リーダーシップ」「オペレーション・エクセレンシー」「カスタマー・インティマシー」のどれかが中心になるのですが、この自社独自のコアバリューを生み出すプロセスをどう組み立てていくかということこそが、とても重要となります。

　戦略は社長が考え、部下たちは言われたことだけ遂行するという体質の会社ではとても生き残ることはできません。どんなに卓越した社長であっても、その社長に何かあれば、その代理店は事業継続できないからです。BCP（事業継続計画）を売りものにする保険代理店であればこそ、あり得ない話です。

　どのコアバリューで生き残っていくかという理想の状態は、全員が自分事としてとらえる必要があり、理想の状態に向けて全員一丸となってマネジメントが進められなければなりません。すなわち、重要成功要因をみんなが理解し、現場で実践されていく戦略と整合が取れていなければならないのです。

6-4　独自能力の追求・差別化のポイントとして、IT・AI を有効活用しているかを確認する

　東京海上日動で言えば、T-Net のように保険会社から提供される IT などの情報システムや、AI 技術そのものが差別化のポイントとなるわけではありません。他の代理店も同じなので仕組みをそのまま導入したからと言って、差別化できるわけではありません。

　代理店にとっての独自能力を高めていくうえで、IT や AI をどのように有効に活用できるかということを全員で考えていく、生きたプロセスを持つことこそがますます重要となります。それゆえ、顧客価値の視点から重要性を全員が理解してシステムを考えるということが何より大切です。

ちなみにトップ保険サービスではISMS（ISO27001）の認証を、全国の代理店に先駆けて認証取得し、経営全体の情報マネジメントのあり方を常に見直し、外部監査も取り入れてその安全性を担保しています。

6-5　支援プロセスの重要性を認識する

　自社のコアバリューが独自の差別化要因になるためには、そしてより効果的に囲まれていたい戦略顧客群（セグメント）にとっての価値を生むためには、保険会社の営業、損害サービス、保険金支払いサービス、社会保険労務士、弁護士、板金業者、自動車整備工場などの支援プロセスが自社の戦略にリンクし、効果的に機能しているかがとても重要となります。

　自社の基幹プロセスにおける独自性を進化させていくためには、支援プロセスに位置づけられる周囲のパートナーとの連携もとても重要な位置づけとなります。また、地域社会も支援プロセスの構成員として位置づけられます。

　中でも保険代理店にとっては、保険会社は重要な支援プロセスの位置づけとなり、戦略的に連携していくことが求められます。そのために良好なコミュニケーションはとても重要です。いつまでも保険会社におんぶにだっこ、あるいは上から目線で保険会社と敵対的な関係を続けていても、プラスになることは一つもありません。もちろん保険会社の都合ではなく、自社の戦略の方向性を理解してもらうことをベースに、「是は是、非は非」のスタンスで、主従ではなく対等の関係で良いコミュニケーションを図っていくことは大切です。

7. 活動結果

　これまでの、1〜6のプロセスをPDCAする際に必要となる目標と実績の確認ができるように、活動結果を証明することが求められます。代表的な指標を挙げると、以下のようなものが考えられます。

< KPI >
・理念の浸透度
・コンプライアンス徹底度
・社会貢献の有効性
・戦略の有効性
・戦略の徹底度合い
・情報マネジメント有効性
・組織的 能力向上度合い
・職場満足度
・顧客満足度
・顧客対応のレベル
・生産性
・効率性
・商品開発プロセスの有効性
・提供サービスのレベル
・基幹部門から見た支援部門に対する評価

< KGI = Key Goal Index >
・財務の結果

8. 振り返りと学習のプロセス

8-1 目標管理制度の本来の目的、
プロセスの成果を評価することの重要性を知る

　代理店の事業活動を通じて望ましい姿に近づいているかを判断する
には、望ましい姿への達成度を判断する評価尺度・指標が必要になり
ます。またそれの PDCA を回すには、目標値も必要となります。な
ぜなら、短期的な戦略や年度方針に関する目標値が達成できていても、
それが中長期的に見た場合、自社の望ましい姿に近づいていない場合

もあるかもしれないからです。目指すべき姿に近づくためには、組織目標の関連性を、ゴールに向けてのストーリーに沿って説明できるようにすることがとても重要となります。

「目標管理制度（MBO）」とは、個別またはグループごとに目標を設定し、それに対する達成度合いで評価を決める制度のことです。英語では「Management by Objectives」と書きますが、1954年にP.F.ドラッカーが自身の著書の中で提唱した組織マネジメントの概念で、個別に何を達成させるのかを明確にし、個人と組織のベクトルを合わせて最終的に個人の目標と組織の目標をリンクさせる重要性について説明しているものです。

　これは、上司から一方的に指示して業務を遂行させるのではなく、個人が、組織の目標についてどのように考え、自身はどのように目標設定をするかを考えます。そして、上司やリーダーと共に話し合い、達成に向けてPDCAを回していくので、「やらされ感」がなくなります。また、組織の成功に貢献するという参画意識を持たせることができ、個人個人が意欲的な取り組みができるようになります。この考え方は、経営品質の体系に強い影響を与えたものです。

　昨今は保険会社からの指導もあり、代理店でも目標管理は当たり前のようにやっているわけですが、目標設定のポイントは、以下の1〜5の関連が明確化されているかどうかです。

1. 明確で具体的な目標
2. 適正な目標レベルの設定
3. 時間軸の設定
4. 目標を達成するための方法を明記
5. 会社目標との関連や自分の使命は何か

　この流れを考えながら目標設定することが何より大切になります。代理店の一人ひとりが代理店の進むべきビジョンや戦略に向けた具体

的な方向性のイメージをつかむことで、自分に与えられた役割が関連づけられ、組織内でもコミュニケーションが図りやすくなり、納得しながら仕事を進めることができるようになります。また、なぜ達成できたか、できないかが明確になるため、実績を適切に評価しやすく、評価制度・賃金制度に反映させることも可能です。

　もともと能力開発を目的として導入された目標管理制度は、目標設定による主体性向上・モチベーションアップ・問題解決能力の向上が大きな目的でしたが、後に、経営戦略との連動、人事考課との連動が付加され、現在では多くの組織において、組織目標達成・能力向上・人事考課への反映という3つの目的をもった仕組みとして定着しています。

　ただ目標管理制度は、本来組織内のコミュニケーションツールとしても大きな効果があるのですが、販売成績などの結果目標に対する成果だけを重視した場合、自主性が無視されたノルマ主義となってしまう可能性があります。

　また、成果に対する報酬という金銭的インセンティブだけに焦点化され、やる気を高めるためという本来の目的が欠落し、目的と裏腹な結果を招くことにもなりかねません。かんぽ生命の問題などは、まさしくその悪い面が出てしまった結果ではないでしょうか。プロセスの伴う結果を評価することが、何より大切なのです。

　このような目標管理制度は、かつての年功序列型制度での評価に比べ、評価者の負担が重く、組織内を評価するマネージャーたちのマネジメント力が必要とされるため、制度を適切に運用するためのマネージャー育成がきちんと行なわれなければなりません。

　そのためには、代理店の社長など組織のリーダーは、アドバイザーやサポート役に徹し、組織内の目標達成を考慮しつつ、部下や組織内のメンバーの能力と成果を引き出させることが重要となります。その基本を忘れず、「どうすれば目標を達成できるか」や「その後の行動計画はどうすべきか」などは、部下たち自身でPDCAに取り組んで

もらい、自分たちで修正してもらうことがとても重要です。

　トップダウンの命令口調からではなく、社員自身が期待される役割とプロセスのPDCAを回していくからこそ成果につながり、目標を達成することができるようになり、一人ひとりが成長を実感できるようになるのです。リーダーは部下たちのプロセスをしっかり管理・確認し、適切なタイミングで軌道修正を促す、これが目標管理制度の成功のポイントと言えるのではないでしょうか。

　また、これまでは前述したKPIというプロセスのインデックスが重要視されてきましたが、昨今ではOKR（Objectives and Key Results）という考え方も出てきました。「目標と、そのカギとなる成果指標の集まり」です。OKRでは、まず目標（Objectives）を決め、その達成のために必要な要素を3〜4の成果指標（Key Results）に分解し、進捗をトラッキングしていくものです。さらに個人の人生目標と組織の目指す目標を一体化させて運用している西精工株式会社（2013年日本経営品質賞受賞、2017年ホワイト企業大賞受賞）のような会社も出てきました。

8-2　プロセスと結果についての目標値を ストーリーで説明できるか確認する

「理念の浸透」「コンプライアンス」「戦略の策定と展開」「情報マネジメント」「顧客市場の理解と対応」が、従業員のやる気や満足度にどのように連動し、それが営業プロセス指標や売上、利益の目標値にどのように連動しているのかを明確にしていかないと、部分最適な目標設定とマネジメントで終わってしまう恐れがあります。最終的に、それぞれのプロセス目標が、どのように望ましい姿とつながっていくのかを組織全員で理解できるようにすることがとても重要となります。

　目標相互の連携を全員が理解できるように整理するということは、結果的に組織のビジネスモデルとマネジメントの関連性をストーリーとして語ることができるということです。事業の結果をきちんと確認

するということは、そのストーリーに沿って事業活動が進んでいるのかを確認しながら、ストーリーやビジネスモデルがどの程度、理想的な姿に沿って考え抜かれているものであるかを確認するプロセスでもあります。

　トップ保険サービスにはこのようなストーリーがビジョンとして描かれ、そのビジョン＝10年後の姿に向けての3年×3回（HOP STEP JUMP）のロードマップ、当初、3年のHOP部分はアクションプラン（1年×3）としてさらに詳細に描かれており、事業活動を評価する指標と目標値を、組織と人財の視点→商品・サービスの視点→顧客の視点→財務の視点でつなげた戦略マップに落とし込んで一目瞭然にしています。これらのビジョンと戦略はパート社員も含めた全員で考え、台風の進路予想を毎日行うのと同様、全員で10年先と3年先を毎年見直し、透明性と合意形成が確保しつつ戦略を活きたモノにする仕組みとなっています。

8-3　どのように事業活動の評価をしているのかを確認する

　目標設定や目標の達成度の評価プロセスは、組織の思考プロセスのレベルを物語るものです。多くの会社では対前年度比だけで結果指標を確認しているだけで、ベストプラクティスや、社会からの要求との比較、他社や競合との比較などもないため自分たちで決めた評価指標が、組織の望ましい姿に近づいているかどうかを確認できるものとなっていない代理店は本当にたくさんあります。

　ここがとても重要なポイントです。トップ保険サービスの事業評価プロセスはこのような多面的な視点を織り込んだ高度な仕組みとなっています。ただ前年度比から目標を設定したり、保険会社から言われるがまま目標を設定したりしているだけの保険代理店の思考プロセスと、トップ保険サービスが保持している経営に関する思考プロセスに大きな差があるのは歴然で、結果として同社と他社の圧倒的な中長期的な業績の差はこのようなことから出ているのです。

ちなみに、P.F. ドラッカーは、事業の存続と繁栄のためには、マーケティング、イノベーション、生産性、資金、利益、マネジメント能力、人的資源、社会的責任の領域での目標設定が必要であるとしています。これらの領域はトップ保険サービスが受賞した日本経営品質賞のアセスメント基準の前提となっています。ただし、目標設定は領域によって、定量的にできないものもあります、そのような場合は定性的な状態目標を設定することが重要となります。定量であろうが定性的状態であろうが、目標設定をしてないということは PDCA を回すことができないということです。

　ここまで、経営品質のアセスメント基準に基づく、働きがいのある組織と一部 SDGs を実現するための仕組みづくりのポイント、トップ保険サービス受賞の秘訣を織り交ぜた解説をしました。これらの仕組みづくりを、20 年近い時間をかけてトップ保険サービスは組み上げてきており、時間をかけてつくり上げられた仕組みだからこそ他社が真似できない、独自能力となっているのです。

【参考文献】

・https://ferret-plus.com/6401（FERRET、甲斐雅之著／2020年3月12日閲覧）
・人事ポータルサイト https://www.hrpro.co.jp
・東京工業大学リベラルアーツ研究教育院長　上田紀行教授　同大学HP
・KEY FOR MANAGEMENT　成果と生産性を高め、力を引き出すマネジメントのために　PRODUCED BY KAKEAI
・人事の成長から企業成長を応援するメディア HR NOTE より 大野 知希氏著
・富士通マーケティング https://www.fujitsu.com/jp/group/fjm/mikata/column/（2020年3月閲覧）

・『商いの心』伊藤雅俊著（2003年 日本経済新聞出版）
・『ティール組織』フレデリック・ラルー著　鈴木立哉訳（2018年 英治出版）
・『2020年度版日本経営品質賞アセスメント基準書』（2020年 日本経営品質賞委員会）
・『経営の思考法』岡本正耿著（2019年 日本経営品質協議会）

【著者紹介】

望月　広愛（もちづき ひろちか）

株式会社 MAT コンサルティング代表取締役社長

　1981 年、北海道大学卒業後、ヤマハ株式会社に入社。1989 年㈱三和総合研究所（現・三菱UFJリサーチ＆コンサルティング）に入社し、東京経営戦略本部チーフコンサルタントを経て 1999 年、総合飲食チェーンを展開する㈱J・アートレストランシステムズ（現在は株式会社 J・ART）代表取締役社長に就任し、経営品質活動を展開、2000 年に 10 億円の売上に対して 4 億円の当期赤字を計上した同社を再生、債務超過脱却と退任まで 8 年連続経常増益をもたらす。2005 年度には外食産業初となる日本経営品質賞中小規模部門を受賞。2008 年㈱MAT コンサルティングを起業し代表取締役社長に就任。2004 年〜 2018 年度、名古屋商科大学大学院マネジメント研究科客員講師・客員教授。2009 年度同大学院 Teaching Award 受賞。2010 年〜 2013 年㈱静鉄ストア代表取締役社長、2013 年代表取締役会長。2014 年、同社を退任し、MAT コンサルティング社長に復帰。

　『「ありがとう」の力』『文句ばかりの会社は儲からない！』『最良だから最強な組織づくりの定石』（生産性出版）、『勝つための価格戦略とそのメカニズム』（日本コンサルタントグループ）などをはじめ執筆多数。

2016 〜 2018 年　中央大学大学院戦略経営研究科客員教授

2017 年〜　一般社団法人日本損害保険代理業協会アドバイザー

2017 年〜　静岡県庁マーケティング・アドバイザリー委員会委員

働きたくなるこれからの保険業
ＳＤＧs時代に求められる経営

2020年6月29日　初版 第1刷発行

著　者　望月広愛
発行者　髙松克弘
発行所　生産性出版
　　　　〒102-8643　東京都千代田区平河町2-13-12
　　　　日本生産性本部
電　話　03(3511)4034(営業・編集)
　　　　https://www.jpc-net.jp/

印刷・製本　サン
装丁・本文デザイン　サン

ISBN 978-4-8201-2102-2